超基礎
日本語教育のための
日本語学

太田陽子 [編著]

嵐洋子　小口悠紀子　清水由貴子　中石ゆうこ
濱川祐紀代　森篤嗣　栁田直美 [著]

くろしお出版

　本書は、これから日本語教育を学ぶ人、日本語教師という仕事に興味のある人、または、ボランティア活動などで日本語教育に触れる機会があり、もっと日本語のことを知りたくなった人などを対象に、日本語教育の観点から、日本語学の諸分野の基礎について考えていくための本です。

　日本語教育の現場では、「先生！図書館「に」ですか。図書館「で」ですか。」「先生！ムシャムシャとモリモリとガツガツ、どの食べ方が一番おなかがすいていますか。」「先生！こんなときは…」「先生！…」など、毎日、定番のものから意表を突いたものまで、次々に学習者から質問が飛んできます。

　日本語の先生ならば、どんな質問にも迷いなく理路整然と答えられるはずだと思われるかもしれません。しかし、そんなことはありません（少なくとも筆者は違います）。日本語教師の日常は、学習者の表現に寄り添い、学習者のことばを聞き、学習者の抱く疑問について、いっしょに考え、悩み、学ぶ毎日です。

　そんな日々のなかで、日本語学の知識は頼もしい味方です。もちろん、日本語学という分野は幅広く、そのすべてが日本語教育にそのまま役に立つわけではありませんし、本書一冊でそのすべてをカバーすることも到底できません。また、専門的な「日本語学」の場合、抽象的な説明が日本語教育の現場では役立たない、と言われることもあります。それでも、日本語学の知見には、日本語そのものについてはもとより、学習者の誤用や日本語の教材について、観察し、分析し、より深く理解するための視点や、アプローチの方法のヒントがあふれています。

　本書の特徴は、日本語学のなかでも、日本語教師や日本語を学ぶ学習者にとって有益だと思われる点に絞って、活動型の課題に取り組みながら考えていくところにあります。執筆者の8名は、これまで留学生を中心に、年少者支援や地域の日本語教室、海外の教育現場などにおける日本語教育と、学部生や大学院生に対する日本語学の授業の双方に携わってきました。本書では、その経験を活かし、それぞれの得意な分野で、知っておきたいポイントを紹介していきます。書いてある知識を覚えるのではなく、課題を通して、さまざまな角度から日本

語について考えてみるプロセスそのものを楽しんでいただければと思います。

　ともすれば当たり前に見える日本語のさまざまな現象について、「日本語を教える」という観点に立ち、日本語学習者の視点で改めて見直すと、また違った姿がきっと見えてきます。日本語学と日本語教育がつながり、両者が車の両輪となって、ことばの世界を楽しく走り出すお手伝いをすることが本書の目的の一つです。日本語教育に興味のある人だけでなく、日本語教育という分野とはまだ接点のない人にとっても、新たな視点で日本語について考える機会になるのではないかと思います。

　本書は、1 年間の試用を経て、出版に至りました。試用版による授業を通して、さまざまにご意見をお寄せくださった、杏林大学、相模女子大学、聖心女子大学、東洋大学、奈良教育大学、広島大学、早稲田大学の受講生の皆様とご協力くださった先生方に厚く御礼申し上げます。するどいご指摘とともに、楽しかった、盛り上がったというみなさんの声が、執筆陣にとって大変励みになりました。また、常に力強く、きめ細やかにお力添えをいただいたくろしお出版の市川麻里子さんにこの場を借りて感謝の意をささげます。

　日本語を教えてみると、日本語についてもっと知りたくなります。日本語学習者の質問を受けると、日本語の不思議さに気づかされ、学習者といっしょに考えたくなります。本書が日本語学や日本語教育の魅力を知っていただくきっかけになりましたら、執筆者一同、大変うれしく思います。

2021 年 秋

編著者　太田陽子

目　次

本書の使い方

本書の対象者

本書は、以下の人が対象です。

○「日本語学」をわかりやすく学んでみたい人
○ 日本語教育に興味のある人
○ 日本語教師養成課程の受講生
○ ボランティアなどで日本語教育に触れ、「日本語」についてもっと学びたいと考えている人
○ 現役の日本語教師で「日本語学」の知識を授業に役立てたい人

また、大学の授業では、

○ 日本語教育を主専攻／副専攻とする学部生対象の「日本語学概論」

のテキストとしての使用を想定していますが、そうではない学部生を対象とする一般的な「日本語学概論」においても、入り口として学びやすいものとなっています。また、日本語ボランティアの勉強会などでも使用していただけます。

各章の内容

本書で学ぶ内容は、日本語学の基本的な枠組みに従い、以下のように構成されています。

■第1章	総論・「日本語学」へのアプローチ方法：自分の持つ「日本語」観や日本語学習者の作文例を通して、日本語について考えていくための観点を見つける。
■第2章、第3章	音声・音韻：母音・子音という音の単位をはじめ、拍・アクセント・イントネーションといった日本語の音声面での特徴を考える。
■第4章、第5章	文字表記：日本語の文字の種類（ひらがな・カタカナ・漢字）やその特徴を押さえ、表記の正しさや学習者の漢字学習についての理解を深める。
■第6章、第7章	語彙・意味：語の定義、語彙量、語の種類、語構成などについて考える。また、意味の面から語と語の関係や言語間の意味のずれなどを観察する。
■第8章〜第13章	文法・文章談話：教育文法、文型と助詞、文法カテゴリーといった文法の基礎となる概念をおさえ、複数の文からなる談話について考える。
■第14章、第15章	言葉と社会（敬語・社会言語学）：敬語や、方言、男女差、世代差、「やさしい日本語」などに着目し、社会のなかの言語運用について考える。

本書の特徴は、課題を通して日本語について考えていくところにあります。単に内容を読むのではなく、いったん自分で考えてから、読みすすめてください。周囲の人とも積極的に意見交換をして、考え方の違いを楽しんでください。

For teachers
☞ 授業をする際のポイント 　各章の課題やトピックは、日本語学習者にはどのように日本語が見えるのか、どんなところが難しいのかといった視点で書かれています。日本語学習者の存在が受講生にとって身近に感じられるよう、可能であれば、教師の方ご自身の日本語教育の体験談なども織り交ぜて解説をしていただけると、受講生がより興味を持ち、理解が深まる授業になると思います。また、各章で取り上げられている内容が、日本語教材ではどのように扱われているのかを紹介することも効果的です。

各章の構成

　全15章はそれぞれ下記の順序で構成されています。節は複数あり、「本文」「課題」「解説」が繰り返されます。

　「この章のポイント！」「キーワード」➡各節：「本文」「課題」「課題の解説」

　➡「まとめ」➡「もっと知りたい人へ」➡「コラム」

「この章のポイント！」「キーワード」について

　「この章のポイント！」では、背景的知識とその章で考えてほしい「ねらい」が示されています。学習を始める前に、その章でどのようなことを学ぶのか、あらかじめ全体像が把握できるようにしてあります。授業の前に確認しましょう。

　「キーワード」は、その章の重要なキーワードが挙げられています。授業の前に、まず知っているかどうかを確認し、授業のあとにはそれらについて説明ができるようになったか、それらのことばを用いて、各章のポイントを自分のことばでまとめられるかを確認すると、良い復習になるでしょう。

For teachers
☞ 授業をする際のポイント この部分は、予習として活用するほか、授業導入のウォーミングアップとして雑談的に受講生に投げかけてみることでスムーズにその日の授業内容に入っていけます。また、授業後は、復習に活用するほか、理解内容を確認するために、口頭や記述（確認テストや期末テスト）でキーワードの説明ができるか問うてみるという使い方もできます。

「課題」について

本書はアクティブ・ラーニングで授業が行えるように設計されています。**ワークシート**はこちらから**ダウンロード**してご使用いただけます。

超基礎日本語学 website：https://www.9640.jp/books_885/

課題には個人で取り組む課題とグループで取り組む課題があります。

課題1 このマークがある課題は、個人で取り組む課題です。

課題1 このマークがある課題は、（授業では）周囲の人と話し合ったり、グループワークで行うことを推奨する課題です。

ヒント 「ヒント」では課題に取り組む際に、課題の背景や解決の手がかりなどを示しています。

For teachers
授業をする際のポイント 授業ではワークシートをダウンロードしてご使用ください。課題の後に解説がありますが、まずは自分の頭で考えてみることが非常に重要です。時間に余裕がある場合には、まず個人で考えてアイディアを用意してからグループで話し合うように指示するとより効果的です。また、グループは常に同じメンバーではなく、シャッフルしてできるだけ多様な組み合わせになるように工夫することをお勧めします。さまざまな人の考えに触れることが、ことばについての客観的な視点を獲得することにつながります。

「もっと知りたい人へ」について

各章末に「もっと知りたい人へ」を設け、本書の内容を専門的に深めていく際に推奨する文献を挙げています。比較的入手しやすく、理解しやすいものを中心に挙げています。本書をきっかけに興味を広げ、ぜひ図書館や書店で手にとっていただければと思います。

「コラム」について

各章末に「コラム」も用意しています。各章の本文で扱いきれなかったことや、各章の記述の背景にあるちょっとした経験談やこぼれ話、日本語を教える際のヒントなどに触れています。より身近に日本語学を感じていただければと思います。

授業をする際のポイント 授業で各課題を行う際に、個人もしくはグループの作業速度の差が生じて時間をもてあましてしまったときなど、「コラムを読んでおいてください」と使うのも良いでしょう。さらには、コラムを「課題」として、読んだ感想を話し合わせたり、似たような経験がないかを考えさせたりという活動も可能です。

参考文献・参考 URL について

巻末に章ごとの参考文献と参考 URL をまとめています。本文を読む際には参照しながらお読みください。

個人で学ぶ場合／授業で学ぶ場合

本書は基本的に大学等の授業で使うことを想定して編集されていますが、独学として個人で学ぶことも可能です。

▶個人で学ぶ場合

個人で学ぶ場合にも、課題には必ず取り組み、まず自分で考えてみるようにしてください。ただ単に「読む」のではなく、疑問に思った点や興味を持った点については周囲の日本語母語話者や日本語学習者の意見もぜひ聞いてみてください。複数のメンバーで集まり、あらかじめ読む章を決め、自由に話し合う機会を作るとさらに効果的でしょう。

▶授業で学ぶ場合

「日本語」は決して固定的なものではなく、使用者によりさまざまな揺れやバリエーションを含んでいます。単に解説を聞いて日本語学の知識を覚えるのではなく、実際に用例を考えたり、積極的に周囲の人と話し合ったりして、自分の日本語に対する感覚や、日本語を使うときのルールを客観的にとらえ直してみてください。

授業をする際のポイント 本書の目的は、自分の日頃の日本語の使い方を当たり前と思わず、日本語について客観的に考えていく姿勢を養うことにあります。各章のテーマに合わせて、身の回りにある同様の実例を探したり、周囲の日本語母語話者や日本語学習者の意見を聞いてきたりする課題を加えてみても良いかもしれません。また、学んだ知識を活かして日本語学習者にわかりやすい例文や練習を考えてみたりすると、学んだ知識を日本語教育の現場へとさらにつなげることができるでしょう。

第**1**章 世界のなかの日本語

<table>
<tr><td colspan="2">この章のポイント！</td></tr>
</table>

> 私たちは「日本語」についてどのくらい知っているでしょうか。この章では、まず、世界の言語と比べながら、日本語に関する自分の知識がどの程度、客観的なものなのかを見直してみます。また、日本語を学ぶ学習者の日本語を取り上げ、日本語について考えていくためのポイントを見つけます。
>
> ☑ **キーワード**
> 世界のなかの日本語、学習者の日本語、誤用、文字表記、音声、文法、語彙、文体

1. 日本語ってどんな言語？

　皆さんは、日本語について、どのようなイメージを持っていますか。まず、ときどき耳にする日本語のイメージが、事実に基づいたものかどうか、確認してみましょう。あなたの考えはどうでしょうか。

課題1

　つぎの①～⑤のうち、正しいと思うものに○、間違っていると思うものに×をつけましょう。どちらとも言えないものについては△をつけてください。

① （　　） 日本語は世界の言語のなかで、難しい言語である。

② （　　） 日本語は世界の言語のなかで、使用者の少ないマイナーな言語である。

③ （　　） 英語（例：I <u>love</u> you（SVO型））と違って、日本語のように動詞が文の最後に来る言語（例：私はあなたを<u>愛しています</u>（SOV型））は珍しい。

④ （　　） 「もう帰りますか（主語：あなた）」「ええ、帰ります（主語：私）」のように、主語を明示しなくても良い言語は、それほど珍しくはない。

⑤ （　　） 敬語は年功序列を重視する日本独特の文化である。

いかがでしょうか。①〜⑤のような内容をどこかで耳にしたことがあるかもしれません。では、ひとつずつ見ていきましょう。

①日本語は世界の言語のなかで、難しい言語である。（→×）

外国人の友人から聞いた話では、「今、日本語を勉強しています」と日本人に言うと、必ずといっていいほど、「日本語は難しいでしょう？」と言われるそうです。多くの日本語母語話者は、どうも日本語は（外国人にとって）難しい言語だと思っているようです。

もちろん、どの言語でも、言語の学習には困難がつきもので、難しいところがあるでしょう。しかし、世界の言語のなかで日本語が特別難しい言語と言えるかどうかは疑問です。動詞の活用などがもっと複雑な言語も、母音の数が多く、微妙な声調を伴う音声的に複雑な言語もあります。そもそも「その言語が難しいかどうか」は学習者の母語との類似の度合いによって判断が異なるものです。よって、①の答えは、客観的に特別難しいとは言えないということで×（または一概に言えないということで△）とします。

②日本語は世界の言語のなかで、使用者の少ないマイナーな言語である。（→×）

②の答えは、明確に×です。言語の数え方は諸説分かれますが、例えば『世界言語百科』（オースティン 2009）のデータによると、世界には、数億人の話者のいる言語から、使用者がたった数人の言語まで、およそ 6,900 の言語があるとされています。そのうち、母語話者の数が 1 億人を超える言語は 10 ほどしかなく、日本語はその 1 つです。使用者数という点から見れば、日本語は決してマイナーな言語ではありません。

③英語（例：I love you（SVO 型））と違って、日本語のように動詞が文の最後に来る言語（例：私はあなたを愛しています（SOV 型））は珍しい。（→×）

これもまた、明確に×です。世界の言語のうち、日本語のように文の最後に述語の来る語順（SOV 型）の言語は、数値は調査によってばらつきはあるものの、例えば「世界言語構造地図：The World Atlas of Language Structures（WALS Online）」（→巻末 URL 参照）によれば全体の約 41% で、実は一番多いタイプと

されています。韓国語、モンゴル語、トルコ語、オランダ語などがこのタイプです。これに対して、英語のような語順（SVO 型）は約35％です。なんとなく日本語の語順を少数派だと感じているとしたら、それは、英語をはじめ、ヨーロッパの多くの言語や、中国語など、外国語として触れたことのある言語にSVO 型が多かっただけかもしれません。

④「もう帰りますか（主語：あなた）」「ええ、帰ります（主語：私）」のように、主語を明示しなくても良い言語は、それほど珍しくはない。（→○）

　④もまた、ときに日本語独特の現象のように思われている例かもしれません。確かに、日本語では、「（あなたは）もう帰りますか」「ええ、（私は）帰ります」といったやりとりで、わざわざ「あなたは」「私は」という主語を言わないほうが自然に感じられます。ただし、このように主語が省略できる言語は、イタリア語、スペイン語をはじめ、ロシア語、トルコ語などと日本語以外にも多く存在します。これもまた日本語の特別な特徴というわけではありません。よって④の答えは○として良いでしょう。

⑤敬語は年功序列を重視する日本独特の文化である。（→×）

　最後に、敬語について考えます。「日本語は難しい」と考える人にその理由を聞くと、かなりの確率で「日本語には敬語があるから」という答えがあがります。確かに、「食べる－召し上がる－いただく」といった尊敬語と謙譲語の存在など、日本語の敬語のシステムは言語的に発達しています。しかし、敬語というものを「敬意を抱く相手に対して言語表現を調節して話す」こととととらえるとすると、そうした表現は多かれ少なかれ、どの言語にもあります。そして、どの言語においても、その社会を反映した運用という点では難しく、特有であると言えるのではないでしょうか。敬語は何も日本独特のものというわけではありません。また、敬語の使用には、年功序列だけではなく、親疎や場の改まりなどさまざまなことが関係します。よって⑤の答えは×と考えられます。

　以上のように、ときどき耳にする日本語の「特徴」は、必ずしも事実を反映したものではなく、日本語特有のものとは言えないということがわかります。

では、日本語とはどのような特徴を持つ言語なのでしょうか。本書では、先入観を捨てて、日本語についてさまざまな観点からとらえ直していきたいと思います。日本語を特別な言語だと考えるのではなく、世界のさまざまな言語との類似点や相違点を知ることで、客観的な日本語の姿が見えてきます。

2. 学習者の日本語から、日本語について考える

「海外日本語教育機関調査」（国際交流基金 2018）によると、世界には、日本語を学ぶ人々が、142 の国・地域で約 385 万人いるそうです。また、文化庁の「令和元年度国内の日本語教育の概要」（文化庁 2019）によれば、日本国内の日本語学習者数は、約 27.8 万人です。そうしたさまざまな言語背景を持つ学習者一人ひとりの日本語学習の支援をする仕事が、日本語教師です。では、実際に日本語学習者の書いた日本語の例を見てみましょう。

課題2

① つぎの作文は、初級を終えて中級になったばかりの日本語学習者の自己紹介文です。不適切だと思うところに線を引き、添削してみましょう。また、ワークシートの分類に従って、あなたの感じた「不適切さ」を種類ごとに整理してみましょう。

② 添削し終えたら、周りの人やグループで比べ、話し合ってみましょう。

私はキャツー（Cassy）です。香港から来ました。香港には 2 年生です。でも、日本に 3 年生になにます。私の趣味はカラオケです。歌を歌うとき、悩みがとれましたから大好き！ そしで、友だちと食事することも好きです。ビールを飲むと、いつもおもしろくなにます。日本の生活、楽しみにしています。よろしくお願いします。

キャツー 11.4.2018

→ワークシートは「超基礎日本語学 website」よりダウンロード

添削結果はどうでしたか。非常に細かく修正する人もいれば、あまり修正しない人もいるかもしれません。人によって「不適切さ」の感じ方は異なっていて、添削結果にも差が現れます。

　その一方で、ほとんどの人が共通して修正したところがあると思います。誰もが不適切だと感じるという点で、その部分は母語話者の話す日本語から見れば、「間違い」であると言えるでしょう。こうした間違った使われ方のことを**誤用**と呼びます。

　では、具体的な誤用を課題2から種類別に整理してみましょう。まず、読み始めて最初に目につくものとして「キャツー」があると思います。実はこの学習者の名前は「キャシー」なのですが、「シ」と「ツ」の違いがあいまいです。また、「悩み」の「悩」の字が中国語の「惱」になっているのが気になった人もいるかもしれません。これらは、**文字表記**面での誤用と言うことができます。

　また、「そして」が「そしで」となっていること、「なります」が「なにます」になっていることも、一見、文字表記面での誤用のように見えます。しかし、この二点はもしかしたら、表記を間違えたのではなく、キャシーさんは日ごろから、実際に「そしで」「なにます」と発音しているのかもしれません。一般に、日本語学習者にとって、「て／で」のようなの清濁の違いは難しいポイントです。それから、「ら行」が「な行」と混同されやすいのは、香港出身のキャシーさんのような中国の特に南方の言語の話者によく見られる問題点です。つまり、これらは表記上の問題（だけ）ではなく、むしろ**音声**面での問題を反映した誤用である可能性があります。

　つぎに、「香港<u>には</u>」「日本<u>に</u>」の「には／に」はどちらも「では」としたほうが適切です。これは**文法**面での誤用です。「に」も「で」も同じように場所を表すのに使われるため、混同が起きやすい助詞です。その他、「歌を歌う<u>とき</u>」「とれ<u>ました</u>から」なども、それぞれ、「歌を歌う」と「悩みがとれる」をつなげて一つの文にする複文の作り方や出来事を過去のこととして述べるかどうかといった文法の問題と言えそうです。

　一方「悩みがとれましたから」は、「ました」の部分だけでなく、「悩みがとれる」という言い方に違和感を覚える人もいるかもしれません。悩みは「とれ

る」という動詞ではなく、「消える・なくなる・解消する」といった動詞と組み合わせて使われることが多く、この作文の文脈では「吹き飛ぶ」が合いそうです。こうした語の結びつきのことをコロケーションと呼び、**語彙**面での問題です。

　もう一つ、「ビールを飲むと、いつもおもしろくなります」という文も少し意味がわかりにくいかもしれません。これは、キャシーさんが酔っぱらってひょうきんな性格になるということでしょうか。本人に書きたかったことを確認すると、実は、「楽しい気持ちになる」と伝えたかったのだとわかりました。「おもしろい」と「楽しい」、さらに「うれしい」などは、意味に重なりとずれがあります。これらは類義語の問題であり、やはり語彙指導上のポイントです。

　その他、全体が「です・ます」体で書かれているのに、突然「大好き！」とカジュアルな書き方になっているところは**文体**面での誤用です。さらに、気がつきにくいものとして文化面での問題もあるかもしれません。例えば、この作文は何月に書かれたものでしょうか。11 月だと思うかもしれませんが、実は、「2018 年 4 月 11 日」に書かれたものでした。年月日の書き方にも、国による違いがあります。こうした文化面での相違は気づかれにくいため、注意が必要です。

　このように、日本語学習者の誤用の多くは、決して不注意によるミスではなく、一つひとつに誤りを起こしやすい理由があります。それぞれを上述のように整理していくと、日本語学習者にとってわかりにくいところ、間違いやすいところを見つけることができ、日本語を教えるうえで大変有益です。

3. まとめ

　日本語学とは、日本語について観察、分析して考える学問のことです。本書では、キャシーさんの作文に見られたような、いわば「日本語学習者の目」を借りることによって、日本語を客観的に見ていきます。課題 2 でおこなった分類をふまえ、まずは一つひとつの音についての「音声」（→第 2 章、第 3 章参照）という単位から始め、それをいかに表記するのかという「文字表記」（→第 4 章、第 5 章参照）、音が集まって作られる「語彙」（→第 6 章、第 7 章参照）、語彙

が集まって文を作るための「文法」(→第8章〜第12章参照)、そして、文が集まって構成される「文章・談話」(→第13章参照)と、小さな単位から徐々に大きな単位へと観察を進め、最後に日本語が話される「社会」(→第14章、第15章参照)という視点からの考察をおこないます。

　日本語学の知識は、日本語学習者の日本語について見ていく際の視点を豊かにするでしょう。また反対に、日本語学習者の日本語から、私たちがふだん気づきにくい日本語の特徴について考えさせられることも多くあります。日本語を教えるために役立つ日本語学の知識を深めつつ、日本語教育の観点から日本語を再発見する楽しさをぜひ体験していきましょう。

もっと知りたい人へ

○『やさしい日本語のしくみ　改訂版—日本語学の基本』庵功雄・日高水穂・前田直子・山田敏弘・大和シゲミ（2003／くろしお出版）

○『言語世界地図』町田健（2008／新潮社）

コラム 01

学習者の生み出すことば

「先生、お元気ですか。毎日、晴れときどきくもりですね。」

　学習者から、こんな書き出しのはがきをもらったことがあります。その学習者の笑顔が思い浮かぶとともに、「晴れときどきくもりって…」と、ちょっとおもしろくて、クスッと笑ってしまいました。クラスで勉強した「手紙・はがきの書き方」に「最初に季節や天候のことを書く」といった説明があったので、それを守って、最近の天気について考え、書いてくれたのでしょう。

　これは「間違い」ではありませんが、おそらく日本語母語話者は、手紙のあいさつには書かない表現です。では、これは「誤用（誤り）」でしょうか？

　歌人の斉藤斎藤さんの新聞の書評コラム[※1]に、こんなことばがありました。

「ただしい日本語では言えない気持ちが、この世の中にはたくさんある」

　例えば「悲しいだった、悲しいだった」という表現、これは日本人の詠み手による短歌の一部だそうですが、「文法的には間違いだけど、気持ち的にはこれが正解なのだ」と説明されています。そして、『日本語誤用辞典』[※2]を取り上げ、学習者の日本語は、そんなことばの「宝庫」だと紹介されています。

　日本語教師は、学習者が自分の思いをその時の自分の知る精いっぱいの表現で紡ぎだす、そんな表現に毎日出会える仕事です。もちろん「教師」ですから、教えなければならない日本語のルールはたくさんあります。でも、正しいかどうかの前に、学習者の生み出すそのかけがえのない表現をまずは宝物のように受け取っていきたいと思っています。

※1「半歩遅れの読書術」日本経済新聞（2018.11.10）
※2　市川保子（2010）『日本語誤用辞典―外国人学習者の誤用から学ぶ日本語の意味用法と指導のポイント』スリーエーネットワーク

第**2**章 音声（1）―母音・子音

この章のポイント！

皆さんは自分たちが話している日本語の発音についてどのくらい知っているでしょうか。第2章と第3章では、音声学という分野を学びます。音声学と聞くと難しく感じられるかもしれませんが、音声とは普段私たちが無意識に発音しているさまざまな音そのものです。その音声がどのように作られているのかを学ぶのが音声学です。この章では、単音（母音・子音）と音韻について見ていきます。ぜひ、自分でブツブツ声に出したり鏡で口の中を見たりしながら発音を確認してみてください。

☑ **キーワード**
単音、母音、子音、調音点、調音法、音韻、音素、異音

1. 日本語の音

　教室で学ぶ日本語学習者の多くが最初に文字の勉強をします。その際にまず登場するのが下のような**五十音図**で、この五十音図は文字だけでなく、発音の指導にも使われます。まずはこの五十音図からわかる日本語の音声の特徴について考えてみましょう。

表1　五十音図

ワ	ラ	ヤ	マ	ハ	ナ	タ	サ	カ	ア
	リ		ミ	ヒ	ニ	チ	シ	キ	イ
	ル	ユ	ム	フ	ヌ	ツ	ス	ク	ウ
	レ		メ	ヘ	ネ	テ	セ	ケ	エ
ヲ	ロ	ヨ	モ	ホ	ノ	ト	ソ	コ	オ

①～③をまず各自で考えてみましょう。その後、周りの人やグループで話し合ってください。

①五十音図と言いますが、本当に50音ありますか。数えてみましょう。
②五十音図には含まれていない音があります。どんな音か考えてみましょう。
③日本語の音声は、日本語学習者にとって難しいと思いますか。簡単だと思いますか。

　課題1の答え合わせをしながら、五十音図を見ていきます。五十音図の最初に出てくる「ア [a]、イ [i]、ウ [ɯ]、エ [e]、オ [o]」を**母音**と言います。日本語の母音は5個ですが、中国語は6個、ベトナム語は11個、韓国語は8個あり（母音数は諸説あります）、ほかの言語と比べて日本語が特に多い方というわけではありません。五十音図の「カ」から後ろは、「ヲ」を除き、「**子音＋母音**」でできています。子音と母音は、音声として使用される最も小さい単位（＝**単音**）で、音声を表記する際は [ka] のように [ ] に入れて表します。音声の表記の仕方は国際音声記号（**IPA**）で決められていて、どの言語の音声もその記号を使って表します。日本語は、基本的に、仮名1文字で表される音の構造が、「母音」、または、「子音一つ＋母音一つ」で構成されていて、とてもシンプルです。

　つぎに五十音図は本当に50音あるのでしょうか。表1では、「ヤ行」は3個、「ワ行」は2個しかありません。さらに「ワ行」の「ヲ」と「オ」は音声的には同じ音です（松崎・河野2018）。ですので、この五十音図にあるのは音の数としては、44音です。

　さらに、この五十音図に含まれていない音もあります。「゛」がついた**濁音**、「゜」がついた**半濁音**、「ャュョ」がついた**拗音**、「ン」などで、これらを含めた拡大五十音図も見たことがあるかもしれません。日本語の五十音図はとても体系的で、多くの日本語学習者はまずはこれらの文字とその発音を勉強します。

　③についてですが、日本語の音声は日本語学習者にとって難しいのでしょうか。日本語は母音一つ、子音一つのシンプルな構造で、母音の数も子音の数も

多くはありませんので、特別、難しい音声とは言えないでしょう。しかし、第1章にもあったように、学習者の母語との類似の度合いによっても判断が変わります。自分の母語にはない母音や子音、音声の特徴は、難しいと感じることももちろんあります。もし周りに日本語学習者がいたら、どんな発音が難しいか、聞いてみましょう。

2. 日本語の母音

日本語の母音について、詳しく見てみましょう。

> **課題2**
>
> ① 早口言葉を言ってみましょう。
>
> お綾^{あや}や母親^{ははおや}にお謝^{あやま}り。お綾^{あや}や八百屋^{やおや}にお謝^{あやま}り。
>
> ② 「アイウエオ」と言ってみましょう。唇が積極的に前に出るものはどれですか。また、唇を思いっきり前に出して「イー」と言ってみましょう。どんな印象になりますか?
>
> ③ 大声を出すとき、「アイウエオ」の中でどれが一番出しやすいですか。

　課題2を確認しながら、母音のポイントを見ていきます。先ほど、「カ行」から「ワ行」までは「子音+母音」でできていると述べましたが、音としては、子音は一瞬で、母音の占める割合が大きいです。アナウンサーを目指す人や、演劇部の人などが①のような早口言葉を練習したり、「アエイウエオアオ…」と発声練習をしているのは、母音をはっきり発音することでことばが明瞭になるためです。

　母音が作られる時のポイントは三つあります。まず、唇がまるまって前につき出ている(=**円唇**)かどうかです。「アイウエオ」のなかで唇が積極的に前に出るものはどれでしょうか。「ア」「イ」「エ」は出ないと答える人が多いと思いますが、「ウ」「オ」はどちらも前に出ると思った人もいるかもしれません。では、唇を前に出さないと本当に発音できないのか(不自然になるのか)、以下

の例文を声に出して試してみましょう。

(1) 「うみでうらしまにあった （海で浦島に会った)」
(2) 「おおきいおににあった （大きい鬼に会った)」

　まず、唇を前に出さずに(1)を言ってみて下さい。「ウ」が二つありますが、あまり不自然にはならないのではないでしょうか。今度は、同じく唇を前に出さずに(2)を言ってみて下さい。何を言っているのかはっきりしない発音になったのではないでしょうか。日本語のいわゆる標準語の発音では、唇がまるめられて前につき出ている母音(＝**円唇母音**)は「オ」のみです。日本語でも近畿方言など円唇母音の「ウ」を使う地域もあります。日本語学習者の母語の中には、中国語など円唇母音の「ウ」を使用する言語や、韓国語のように、円唇母音の「ウ」と円唇ではない母音(＝**非円唇母音**)の「ウ」の両方を使い分ける言語もあります。日本語では、課題2-②のように「イー」など、「オ」以外の母音を唇を突き出して言うと異なる母音に聞こえたり、強い不満を持っているように聞こえることがあります。漫画でも不満がある時、唇が前に出ているように描かれているのを見たことがありませんか。

　母音が作られる時のポイントの二つ目は、舌の前後の位置で、三つ目は舌の高低の位置(口の開き)です。図1の台形は、顔を横から見た時の舌の盛り上がりの最高点の位置を示しています。台形の横は舌の前後を、縦は舌の上下を表しています。まず、舌の前後について、「オエ」というと、舌が後ろから前に移動します。通常、「イ」「エ」「ア」は前寄りの母音(＝**前舌母音**)、「オ」「ウ」は後ろ寄りの母音(＝**後舌母音**)に分類されています。つぎに舌の高さ(口の開き)について、「イ→エ→ア」「ア→エ→イ」とゆっくり発音してみて、舌の上下の位置や、どれだけ口の中が広く開いているかを確認してみてください。「イ→エ→ア」と発音すると、最も舌の位置が高い「イ」(＝**狭母音**)から、舌の位置

図1　母図空間

23

が段々下がり、「ア」の時にもっとも口の中が広くなります（＝**広母音**）。一番、大きい声が出るのも「ア」です。助けを求めるとき「キャー」だと大きい声が出せますが、「キー」だと大きい声を出すのは難しいですね。最後に「イ→エ→ア→オ→ウ」と言ってみて下さい。舌が滑らかに動くのがわかると思います（口の中の実際の動きは、国際交流基金（2009）を参照）。

3. 日本語の子音

つぎに、子音について詳しく見てみましょう。

 課題3

①〜④をまず各自で考えて（発音して）みましょう。その後、周りの人やグループで話し合ってください。

① 「**だ**いがく（大学）」「**た**いがく（退学）」のように点々があるかないかによって意味が変わるペアをできるだけたくさん考えてみましょう。

② 日本語ではお母さんのことを「ママ」と言いますが、他の言語では何と言うでしょうか。発音の面での共通点とその理由も考えてみましょう。

③ 「ナ」と「ラ」で鼻が詰まったときに言いにくいのはどちらでしょうか。鼻をつまんで発音してみましょう。

④ 以下の早口言葉を言ってみて、苦手な発音がないか確認しましょう。
　a. この竹垣（たけがき）に竹立（たけた）てかけたのは　竹立（たけた）てかけたかったから　竹立（たけた）てかけた
　b. 武具馬具（ぶぐばぐ）武具馬具（ぶぐばぐ）三（み）武具馬具（ぶぐばぐ）　あわせて武具馬具（ぶぐばぐ）六（む）武具馬具（ぶぐばぐ）
　c. 新進歌手総出演（しんしんかしゅそうしゅつえん）　新春（しんしゅん）シャンソンショー

　第2節で、子音は音としては一瞬だと述べましたが、その一瞬で音が変わります。課題3の答え合わせをしながら、子音のポイントを確認していきましょう。子音を作るしくみのポイントは三つ、声帯の振動の有無、調音点と調音法があります。日本語学習者はよく清濁（清音・濁音）の区別が苦手だといわ

れます。学習者の作文を読んだり、話しているのを聞いたりすると、「てんきをつけます」(＝でんき)、「まだ連絡します(＝また)」など、清濁の混同がよく見られます。これは、子音を作るしくみの一つ目のポイントで、喉の中にある**声帯**というところが関係しています。喉に手をあてて、「はー」(息だけ)、「あー」と言ってみてください。「はー」と言っても、何も感じないと思います。一方、「あー」と言うと、喉がブルブルと震えるような感じがするでしょう。声帯の振動を伴う音を**有声音**、伴わない音を**無声音**と呼びます。日本語では清濁の区別のある行の場合、清音(カサタハ行の子音)は無声音、濁音(ガザダバ行の子音)は有声音です。清濁の区別のない音(ナマヤラワ行の子音)は全て有声音です。また、半濁音(パ行の子音)は無声音です。

　課題3-①で考えたようにように、日本語では「たいがく(退学)」「だいがく(大学)」のように、無声音か有声音かによって意味が変わるため、とても重要です。

---

1) 清濁の区別のある行　→　清音（カサタハ行の子音）＝　無声音

　　　　　　　　　　　　　　濁音（ガザダバ行の子音）＝　有声音

2) 清濁の区別のない行（ナマヤラワ行の子音）　→　有声音

3) 半濁音（パ行の子音）　→　無声音

　日本語学習者の母語の中には、有声音か無声音かによって語の区別をしない言語もあります。例えば、中国語では有声音か無声音かではなく、有気音か無気音かによって語を区別します(例：無気音の「搭 (da)」、有気音の「他 (ta)」国際交流基金(2009))。子音を発音するときに息を伴う音を有気音と言い、伴わない音を無気音と言います。また、有声音か無声音か区別する言語でも日本語の音声とは印象に違いがあることもあり、日本語学習者は清濁音の発音や聞き取り、また書く時に混同することがよくあります。

　つぎに二つ目のポイント、**調音点**についてです。落ち着いてかっこよく発表をしていた韓国人の留学生が、「理由はミッチュあります」と言ったとき、内容はとてもいいのに、急に発表の印象が変わってしまったことがありました。ツが「チュ」になる誤りは、韓国、ベトナム、インドネシアなどアジアの日本語学習者によく見られます。小さな子どもが話すことばにも見られる特徴のた

め、子どもっぽい印象を与えてしまうことがあります。「ツ」と「チュ」、何が違うのでしょうか。図2を見てみて下さい。「ツ」を発音する時は、舌先を上の歯の根元あたり(＝歯茎)につけて発音しますが、「チュ」は舌先ではなく舌の前の方が盛り上がって、「ツ」よりも少し後ろの部分(＝歯茎硬口蓋)にあたっています。

「ツ」の発音 「チュ」の発音

図2 「ツ」と「チュ」の口の中の図

このように、子音を発音する時は唇や舌を使って、息の流れを邪魔するのですが、どこを邪魔するのかで音が変わります。その位置を調音点といいます。「マ」「タ」「カ」と発音してみましょう。「マ」は両方の唇(＝両唇)で閉じて発音をしています(＝両唇音)。「タ」はどうでしょうか。先ほどの「ツ」と同じく、歯の根元(＝歯茎)を舌先が触っていると思います。最後の「カ」はどうしょうか。舌の後ろの方が、奥のやわらかい部分(＝軟口蓋)に触れているように感じると思います。舌の位置を図3で確認してみましょう。また、発音するには顔の筋肉が必要です。課題3-②でお母さんの呼び方を考えましたが、筋肉の発達していない赤ちゃんにとって唇で発音される両唇音がもっとも発音

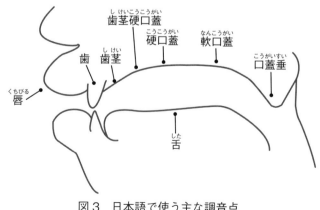

図3 日本語で使う主な調音点

しやすいです。そのため、お母さんの呼び方として、「mom」（英語）、「媽媽 māma」（中国語）、「mẹ」（ベトナム語）、など、多くの言語で両唇音を使った言葉が使われています。

　最後に、子音を作る三つ目のポイント、**調音法**についてです。以前、中国人の留学生に「サヨナラがうまく言えない」と相談されたことがありました。別れの相談ではなく、発音の相談です。台湾や中国南部などでは、ラとナ（l と n）を区別しないため、「サヨラナ」となってしまったり、「サヨナナ」となってしまったりするのです。日本語のラとナの子音は、どちらも先ほども出てきた歯茎で発音する子音で調音点は同じです。では、何が違うのでしょうか。鼻をつまんで「ラ」と言ってみて下さい。特に問題なく言えると思います。つぎに、同じように鼻をつまんで「ナ」と言ってみて下さい。鼻のあたりがつまったような感じがしませんか。ラは口に息を通して作る音（＝**口音**）ですが、ナは鼻に息を通して作る音（＝**鼻音**）です。また、「ハタ*ダ*ク」（ハタラク）のように、「ラ」が「ダ」になってしまう学習者もいます。ラとダはどちらも歯茎で発音する口音です。では、何が違うのでしょうか。日本語でラと発音する時は、舌先を歯茎に軽く当て、すぐに離します（＝**弾き音**）。一方、ダは舌先を歯茎につけて息をためてから舌を離します（＝**破裂音**）。このように、息の流れの邪魔をする位置（＝調音点）が同じでも、邪魔の仕方（＝調音法）によって、様々な音が作られるのです。

　先ほど、日本語学習者の「ツ」が「チュ」になってしまう例について説明しましたが、「*ス*キヲ　ミマシタ」（*ツ*キ（月））と、「ツ」が「ス」になってしまう例もあります。「ツ」は、[t] の後に [s] が発音される子音です。[t] は「タ、テ、ト」の子音で、「ダ」と同じく、舌先を歯茎につけて息をためてから舌を離します。[s] は、舌先を歯茎に近付けますが、隙間を作って息を通します（＝摩擦音）。[s] を伸ばすと、隙間があるので、息が続く限り、伸ばすことができます。「ツ」は、最初に [t] を発音してから、[s] を発音します。「ツ [ts]」を伸ばして言ってみてください。先ほどの [s] と同じように伸ばすことができたと思います。

　声帯の振動、調音点、調音法の三つの子音を作るしくみがわかっていれば、学習者の発音が気になったとき、調べることができます。以上のことを表2で確認してみてください。同じ枠の上の段は無声音、下の段は有声音です。ま

た、課題3-④で言ってみたように、自分がどんな音が苦手なのかも確認できます。さらに、詳しい音声の仕組みや、発音の指導法については、「もっと知りたい人へ」を参照してください。

表2　主な日本語の子音の調音点と調音法一覧

	両唇音	歯茎音	歯茎硬口蓋音	硬口蓋音	軟口蓋音	口蓋垂音	声門音
破裂音	パ行 [p] バ行 [b]	タテト [t] ダデド [d]			カ行 [k] ガ行 [g]		
鼻音	マ行 [m]	ナヌネノ [n]		ニ [ɲ]		ン [ɴ](語末)	
弾き音		ラ行 [ɾ]					
摩擦音	フ [ɸ]	サスセソ [s] ザズゼゾ [z]	シ [ɕ] ジ [ʑ]	ヒ [ç]			ハヘホ [h]
破擦音		ツ [ts]	チ [tɕ]				
接近音				ヤ行 [j]	ワ [ɰ]		

※国際音声記号の詳細は、「IPA 国際音声字母（記号）」を参考（→巻末 URL 参照）。

4. 音声と音韻

　ここまで、日本語の母音と子音の特徴について見てきましたが、私たちはいつもその通り、発音しているのでしょうか。また、日本語学習者は私たちと同じように日本語の音を区別しているのでしょうか。この節では、音声と音韻の違いについて見ていきます。

 課題4

　巻き舌「ル_ルルルル_」を言ってみましょう。言えない人は「サッポ_ロ_ラーメン（札幌ラーメン）」と繰り返し言ってみましょう。

28

　以前、日本語学習者が授業後、レポートを持ってきて、「コレ、レポートデス」（「レ」を巻き舌で発音）と言いました。いつも優しい学生が急に怖くなったように感じましたが、「レポート」のことを言っていることはわかりました。日本語の「ラ」は、舌先を歯茎にポンと軽く当てて作る弾き音ですが、例えば、「アラシ」の「ラ」を英語のrのような音で発音しても、lのような音で発音しても、巻き舌で発音しても、日本語母語話者には「アラシ」の意味として聞き取ってもらえると思います。一方、英語の light、right はどうでしょうか。light は「光」、right は「右」という意味で、lとrを入れ替えることはできません。lとrを入れ替えて発音すると、英語母語話者には正しい意味に聞き取ってもらえません。

　日本語と英語でどうしてこのように異なるのでしょうか。これは言語によって、意味の区別に用いる音のグループが異なるからです。英語では、/l/ と /r/ は異なるグループですが、日本語ではどちらも /r/ グループの一員です。「アラシ」の「ラ」を「タ」に変えると「アタシ」となり意味が変わります。日本語で /r/ と /t/ は異なる音のグループだからです。このように、言語ごとの意味の区別という観点から分析、分類したものを**音韻**と呼びます。また、意味の区別に関わる音のグループ（音韻上の最小単位）を**音素**と呼び、/ / に入れて表します。音素は言語ごとに異なります。/ / で示されている音を見ても、実際の音は分かりません。例えば、日本語の音素 /r/ について、歌を聴いていると前述の弾き音のラ行の発音ではなく、英語のrで発音している歌手もいます。このように、同じ音素に属するさまざまな単音を**異音**と言います。

　言語によって音韻の対立関係は異なります。本章でも見てきたように、異なる言語の発音をするときにはさまざまな母語の影響があります。一方、巻き舌の例のように、音韻としては合っていても、音声が異なると、異なる印象を与える場合があるので指導する場合注意が必要です。

5. まとめ

　この章では、日本語の母音・子音、また、音声と音韻の違いについて勉強しました。音声学は苦手意識があるという人もいるかもしれません。しかし、硬

く考えずに、一緒に発音しながら考えてみるとおもしろい発見もたくさんある
と思います。また、ふだんから音声を意識することで、日本語学習者のさまざ
まな発音の特徴も聞こえてくるかもしれません。ここでは、いわゆる標準語の
音声について述べましたが、日本語の中でも方言によって異なった特徴があり
ます。ぜひ、さまざまな音声を観察してみてください。

もっと知りたい人へ

○『音声を教える（国際交流基金 日本語教授法シリーズ2）』国際交流基金（2009
／ひつじ書房）

○『日本語の音声入門―解説と演習　全面改訂版』猪塚元・猪塚恵美子（2003／バ
ベルプレス）

○『音声教育の実践（日本語教師のための TIPS77　第3巻)』河野俊之（2014／くろ
しお出版）

○『日本語音声学入門 [改訂版]』斎藤純男（(2006／三省堂）

○『日本語の発音教室―練習と理論』田中真一・窪薗晴夫（1999／くろしお出版）

○『日本語教育　よくわかる音声』松崎寛・河野俊之（2018／アルク）

○『音声・音韻探究法―日本語音声へのいざない』湯沢質幸・松崎寛（2004／朝倉
書店）

音声研究？　温泉研究？

　先日、「温泉」の研究をしている人に、「音声」の研究をしていると言ったら、「一瞬、同業かと思いました」と言われました。「オンセン」「オンセー」似ていますね（→第3章参照）。違うのは「ン」と「ー（長音）」ですが、「ン」「ー」「ッ」は特殊拍と呼ばれていて、これらが入っているかどうかで日本語では言葉の意味が変わります。日本語の音声の特徴の一つで、日本語学習者には苦手な人が多いです。初級のクラスでは学習者に好きな食べ物を聞くと、「地図です」（本当はチーズ）と言ったり、趣味を聞くと「坂です」（本当はサッカー）と言ったりすることがあります。

　「ン」の調音点は、実は一つではありません。試しに「サンマ」「サンタ」と言ってみて下さい。「サンマ」の時には口を閉じて発音しますが、「サンタ」の時には口が開いていると思います。つまり「ン」は、つぎにくる音によって調音点が変わるのです。「サンマ」だったら「マ」と同じ調音点、「サンタ」だったら「タ」と同じ調音点になります。

　また、「千年」と「千円」も間違いやすい発音ですが、「センエン」だったらどうでしょうか？　最初の「ン」のつぎに母音の「エ」がありますが、このような時は「鼻母音（鼻にかけた音）」という音になります。口からも鼻からも息を通して作る音で、イメージとしては「セーエン」の方が近いかもしれません。でも鼻母音にせず、[n] の音で発音すると、「千年」[sennen] になって意味が変わってしまいます。なお、鼻母音ですが、例えば「わたしは○○です」を全て鼻母音で話すとぶりっこな印象になります。いろいろな発音の仕方を試してみると、今まで気付かなかった音声の世界に出会うことができます。

第3章 音声(2) —拍・アクセント・イントネーション

この章のポイント！

この章では、拍・アクセント・イントネーションについて学びます。これらは聞き取りやすい発音のためにとても重要です。日本語学習者の発音の特徴について学ぶとともに、自分自身がどのように発音しているのかも意識しながら見ていきましょう。

☑ **キーワード**
拍、特殊拍、アクセント、高低アクセント、イントネーション

1. 拍

　日本語のクラスでは、最初に自己紹介を学ぶことが多いですが、そこには早速、日本語学習者にとって、難しい発音がたくさん含まれています。

課題1

① 次の挨拶を聞いて、気になるところを書き出しましょう。周りの人やグループで話し合ってみましょう。

🔊1 コニチワ。ワタシワ〇〇トモシマス。シューシンワ〇〇デス。ドゾヨロシクオネガイシマス。（日本語学習者）　　　　　　（※表記は一例）

② 「アラシ」を「ア／ラ／シ」のように区切るとすると、「チョコレート」はどのように区切りますか。考えてみましょう。

　課題1-①の挨拶のなかでは、「コンニチワ」「モーシマス」「シュッシン」「ドーゾ」など、「ン」（**撥音**）、「ー」（**長音**）、「ッ」（**促音**）の部分が正しく発音されていません。これらは**特殊拍**と呼ばれるもので、①の例のように日本語学習者の場合、発音が短くなったり長くなったり、書くときにも正しく書けないことがよくあります。それはどうしてでしょうか。

　まず「コンニチワ」はいくつに区切れるか、考えてみましょう。指を折って

（できるだけ細かく）数えてみてください。「コ／ン／ニ／チ／ワ」と五つに区切ると思います。この一つひとつを**拍**と言い、先述の特殊拍も1拍と数えます。1拍は、**拗音**（「ャ、ュ、ョ」が付く音）を除き、仮名1文字と一致しています。拗音は「ビョ」のように前の仮名と合わせて1拍と数えます。

ジ／ケ／ン（事件）＝ 3 拍
ジ／ッ／ケ／ン（実験）＝ 4 拍
ビ／ョ／ー／イ／ン（美容院）＝ 5 拍
ビョ／ー／イ／ン（病院）＝ 4 拍

　日本語母語話者は拍を単位として区切る感覚（＝**拍感覚**）を持っていて、1拍、1拍を大体、同じ長さで発音する傾向があります。しかし、多くの日本語学習者はこの拍感覚を持っていません。そのため、特殊拍の部分が正しく発音されないというような問題が起きるのです。

　ところで、小さい頃、グリコのゲームをしたことはありますか。じゃんけんをして、グーで勝ったら「グリコ」（3）、チョキで勝ったら「チョコレート」（6）、パーで勝ったら「パイナップル」（6）の数だけ進み、早くゴールできた人が勝ちというゲームです。この中で一つだけ歩数と拍数が異なることばがあるのですがどれでしょうか。そうです、「チョコレート」です。拍を数える場合は「チョ」で1拍となるため正しくは5拍なのですが、このゲームでは「チ／ョ／コ／レ／ー／ト」と小さいョ（拗音）も一つと数えるため、六つ進むことができます。その結果、チョコレートもパイナップルも同じ数になってしまうのですが、拍数だったら進める数が違って、勝敗が分かれていたかもしれません。

2. アクセント

　皆さんは「アクセント」と「イントネーション」ということばをどのような意味で使っていますか。「あの人はアクセント／イントネーションが違う」など、区別しないで使用することもあるのではないでしょうか。音声学では「アクセント」と「イントネーション」は異なる音声の特徴です。この節ではいわ

ゆる標準語のアクセントについて見ていきます。

課題2

①～③をまず各自で考えて、その後周りの人やグループで話し合ってみましょう。

① 「助詞」と「女子」を発音して、どのように違うか考えてみましょう。
② 「鼻」と「花」を発音して、どのように違うか考えてみましょう（助詞も付けて考えてみましょう）。
③ 日本語学習者（英語母語話者）が以下のように発音することがあります。どうしてか考えてみましょう。
オハヨーゴーザイマス　　ヨコハーマニスンデイマス
（「ゴー」「ハー」の部分を強く発音）

　以前、日本語を研究している留学生の発表で、「ジョシの研究…」「ジョシは…」と「ジョシ（女子？）」がたくさん出てきました。発表資料から「助詞」の研究であることはすぐにわかったのですが、研究内容がなかなか頭に入ってこないということがありました。「女子」と「助詞」、単音（子音・母音）は同じですが、何が違うのでしょうか。答えは高さです。「ジョシ（女子）」は最初が高くて、つぎから低くなる発音です。一方、「ジョシ（助詞）」は、最初は低くて、つぎから高くなる発音です。このような語ごとに決まっている高さまたは強さのパターンを**アクセント**と言います。日本語では語ごとに**高低アクセント**（高低のパターン）が決まっていて、その高低アクセントによって語の意味が変わります。

　日本語学習者にとって日本語のアクセントは悩ましい問題の一つです。「どうやったらわかりますか」とか「どうやって覚えたらいいですか」と聞かれるのですが、アクセントは特に理由もなくそう決まっていて（**恣意的**）、日本語では単語を見ただけではどのようなアクセントかわからないため、基本的には単語ごとに覚えなければいけません。英語やポルトガル語などのように高さではなく、強さのパターンが決まっている**強弱アクセント**の言語の母語話者は、高さの違いを意識するのも簡単なことではありません。母語の影響で、語の途中を「オハヨーゴーザイマス」のように強く、またその部分を少し長く発音する

話者もいます。意味は通じることも多いですが、聞き取りにくくなる場合があ
ります。また、中国語では、1音節(漢字1字)ごとに高低のパターン(声調)が
決まっていて、それにより意味を区別します。そのため中国語母語話者は日本
語を話すときも細かく高低を付けすぎてしまうことがあります。韓国語(ソウ
ル方言)では、高低のパターンで語の意味を区別することがないので、日本語
の高低アクセントは苦手な場合が多いです(河野 2014)。

　日本語は語ごとに高低のパターンが決まっていると述べましたが、ポイント
は、語のどこかで下がるか下がらないか、つまり、**アクセント核**(高→低への
下がり目)があるかないかと、下がるならどこで下がるかの二点です。例えば
先ほどの「ジョシ(助詞)」は下がらないグループです。一方、「ジョ⌐シ(女
子)」は下がるグループで、「ジョ」から「シ」にかけて下がります。下がり目
は、一つの単語に一つです。「⌐」は下がり目(アクセント核)のマークで、そ
のつぎから低くなりますという意味です。日本語の発音の教科書でも時々、使
われています。アクセントの表記の仕方にはいくつかありますが(国際交流基
金 2009)、ここでは下がり目のマーク「⌐」で記すことにします。また、補
足として高さの動きを表す線を点線で示します。

表1　アクセント型　🔊2

下がる	アクセント核＝語のはじめの拍	頭高型	ジ⌐ショ、ト⌐イレ
	アクセント核＝語の途中の拍	中高型	アナ⌐タ、オニ⌐ギリ
	アクセント核＝語の最後の拍	尾高型	イヌ⌐、イモウト⌐
下がらない	アクセント核＝助詞まで下がらない	平板型	ワタシ、ダイガク

　表1を参照し(音声も聞き)発音しながらアクセントのパターンを確認して
みてください。下がるアクセントのパターンの場合、どこで下がるかによって
三種類(**頭高型、中高型、尾高型**)に分かれています。尾高型と**平板型**を見て同
じではないかと思った人もいるかもしれません。尾高型か平板型かは語のあと
に助詞を付けないとわかりません。尾高型の場合、助詞を付けると、助詞が低
くなります。例えば、「イヌ」だけだと下がるところはありませんが、「ガ」を
付けると「イ⌐ヌ⌐ガ」となります。一方、平板型の場合、助詞まで下がりませ

35

ん。「ワタシ」の場合、「ワタシガ」と助詞まで高いです。「花」と「鼻」も助詞をつけて考えてみましょう。「ハナガ（花が）」は、助詞の前で下がるので尾高型です。一方、「ハナガ（鼻が）」は、助詞まで高いので平板型です。

　先ほど、アクセントは基本的には単語ごとに覚えなければならないと説明しましたが、アクセントのパターンが限られている品詞もあります。その一つが動詞です。動詞は、「たべる」のように下がり目のあるパターン（多くは後ろから2番目の拍に下がり目がある）のグループと、「のぼる」のように下がり目のないパターンのグループのどちらかで、同じグループでは、活用形も同じアクセントパターンになります。なお、マス形の場合は、どちらも同じアクセントパターンです。「オンライン日本語アクセント辞書（OJAD）」（以下、「OJAD」）（→巻末 URL 参照）では、活用形のアクセントも音声を聞きながら確認することができます。

たべる → たべます　たべて　たべない　たべれば　たべられる
のぼる → のぼります　のぼって　のぼらない　のぼれば　のぼれる

　初級の日本語クラスで動詞の可能形をリピートさせているとき、留学生たちがみんなで元気に「タベラレル」と発音していることがありました。その理由について、日本語を研究している留学生から活用の教え方の影響があるのではないかという意見がありました。例えば可能形を教えるとき、「『たべます』の『ます』を取って、『られる』を付けます」と教えることがあります。それぞれ単独で発音すると「タベマス」、「ラレル」のため、それを合わせると「タベラレル」になるようです。クラスでは活用を教えるだけでも大変なので、アクセントまでなかなか気がまわらないことも多いのですが、誤ったアクセントが定着しないように気をつけなくてはなりません。

たべます　＋　られる　＝　たべられる

　本節の冒頭で例に挙げた「ジョシ（女子）」ですが、別の留学生が発表で「ジョシガクセー（女子学生）」と発音していて、とても気になることがありま

した。「女子」「学生」をそれぞれ別に言う場合は、正しいアクセントなのですが、「女子学生」のように二つ以上のことばが組み合わさった複合語になると、アクセントは「ジョ｜シ｜ガ￣｜ク｜セー」のように変わるので注意が必要です（国際交流基金 2009）。

第3章 音声（2）―拍・アクセント・イントネーション

課題3

① 日本語学習者に初級の頃から詳しくアクセントを教えた方がいいと思いますか。日本語学習者の例が想像しにくい場合は、自分が経験したことがある外国語学習などに置き換えて（例えば、英語のアクセント）、考えてみましょう。

② 次の語はどのようなアクセントで発音しますか。周りの人やグループで比べてみましょう。
  図書館　彼氏　美人　サーファー　モデル　バイク

　それでは、日本語教育ではアクセントはいつからどの程度教えたら良いのでしょうか。アクセントはすぐに身につくものではないので、初級の頃から教えることは大切だと考えますが、どのくらい正確なアクセントが必要かは使用場面によって異なります。日常生活ではアクセントに注意しなくても大丈夫な場面も多いですが、発表などではアクセントが違うことで言いたいことが伝わらなかったり、聞き取りにくくなったりすることもあるので注意が必要です。発表など、ふだんよりアクセントを気にしないといけない場面では、「OJAD」を活用するなどして確認するのも一つの方法です。日本語は地域によってもアクセントが異なりますし、世代によってもアクセントが異なる場合があります。例えば、「図書館」を皆さんはどのように発音しますか。もともとは下がり目のある「ト｜ショ｜カン」ですが、下がり目のない「ト｜ショカン」の発音も聞かれます。このように本来、下がり目のあるアクセントを持つ語が、下がり目のない平板型になっている現象を「**アクセントの平板化**」と言います。また、ダンスをしている人が「ダ｜ンス」と発音するなど、その語を普段からよく使う集団が平板化して発音しやすいこと（専門家アクセント）も指摘されています（国立国語研究所 2001）。日本語学習者だけではなく教師自身も確認しておくこと

が大切です。

3. イントネーション

　つぎに、イントネーションについて見ていきます。アクセントでは自分の意図や気持ちを表現することはできませんが、イントネーションではそれらを豊かに表現することができます。

課題4

① 以下の文を聞いて、発音を比べてみましょう。また、学生1、2の気持ちについて、周りの人やグループで話し合ってみましょう。

🔊3　学生1：アシタ、テストデスカ？
　　　先生　：ハイ、テストデス。
　　　学生1：ハァ。テストデスカ。
　　　学生2：エー、テストデスカ!?

② 以下の文を聞いてください。意味がどのように変わるか、周りの人やグループで話し合ってみましょう。

🔊4　キノーカッタカ￣　サヲ　ナクシマ￣　シタ。
　　　キノー　カッタカ￣　サヲナクシマ￣　シタ。

　日本語学習者に何か質問しても、こちらの意図が伝わっておらず、ニコニコしているだけで何も答えてくれないことがあります。例えば、お昼を食べたか聞くときは「タ￣ベタ？」と聞きます。その返事は「タ￣ベタ。」です。単音もアクセントも同じですが、文末を「タ￣ベタ↗」と上げるか、「タ￣ベタ」と上げないかで言いたいことが変わります。このような文の意味の違いに関わる高さの動きを**イントネーション**と言います。「タ￣ベタ↗」という質問では、「あなたは」など誰に向けての発言なのかを表す表現も、疑問を表す「か」もありません。そのため、文末のイントネーションの違いが重要な情報を担っています。

　イントネーションには、**文末のイントネーション**と**文内のイントネーション**があります。文末のイントネーションとは、主に文の最後の高さの動きです。

下がり目の有無と位置で表されるアクセントと違い、さまざまな高さの動きがありますが、大きく分けると**上昇調**(上がるもの)と、**非上昇調**(上がらないもの)の二種類に分けられます。上昇調の代表例は、答えを求めるときに使われる疑問文のときの言い方です。「か」がつくときもつかないときも上昇調ですが、「か」がつくとき、あまり上げすぎると少し疑いの気持ちが強いようにも聞こえます。また、反応を求めたり、注目をひくときも上昇のイントネーションが使われます。「チョ￬ッ￬ト、マ￬ッテ￱ー」や「ド￱ーゾ￱ー」などで、イントネーションを上げることで、注目をひくと同時に、柔らかい口調になるとも言われています(郡 2020)。なお、文末が上がるときも、アクセントの下がり目は変わりません。「マッテ￱ー」とはならないので、注意が必要です。

　非上昇調は、それ以外の意味を付け加えない中立的な文の時などに使われます((1)(2)Bなど)。

🔊5

　(1)　A：シュクダイ、オワ￬ッタ？

　　　　B：ウン、オワ￬ッタ。

　(2)　A：シュクダイ、オワリマ￬シタカ？

　　　　B：ハイ、オワリマ￬シタ。

　文の最後に付く「ね」「よ」「か」などを終助詞と言います。終助詞の高さの動きもとても大切です。例えば、「か」ですが、「ア￬シタ、テ￬ストデスカ￱」と上昇で言うと質問の意味になりますが、「ア￬シタ、テ￬ストデスカ」と上昇せずに言うと、残念な気持ちが伝わってきます。

　日本語学習者のスピーチを聞いていると、上がったり下がったりが多く、聞き取りにくかったり、一番言いたいことが何か伝わらないことがあります。これは、文内のイントネーションの問題です。文全体の高さの変化を表した線を見ると、意味のまとまりごとに山のような形をしているのがわかると思います。これをイントネーションの**ヤマ**と呼びます。全ての語を同じ程度の高さの動きで発音するのではなく、時には小さくして前のヤマと一体化します。例えば例(3)の「ラーメンヲタベルトキ」では、「タベル」「トキ」は小さいヤマになって、まとまりを作っています。一体化したヤマは、最初は高く、まとまりの最

後は低くなることが多いです。それが「へ」のような形に見えることから、「へ」の字型イントネーションとも呼ばれます。

🔊6
（3）ラ¬ーメンヲタベ¬ルト¬キ、ハ¬シヲツカイマス。
　　（ラーメンを食べる時、箸を使います）

　強調したいことなどが途中にある場合は、その部分に新しい大きなヤマができたり、前後のヤマを小さくしたりします。（4）で、「ベンキョーシテイマス」を強調したいときは、「ベンキョーシテイマス」から新しいヤマが作られます。

🔊7
（4）ヨコハマノダイガクデベンキョーシテイマス

　　ヨコハマノダイガクデベンキョーシテイマス
　　（→「ベンキョーシテイマス」を強調）

　このようなヤマによって、曖昧な文を言い分けることもできます。課題4-②の二つの文ですが、最初の文は、「キノーカッタカサ」を一つのヤマで読むことで、昨日、傘を買ったことがわかります。一方、「昨日」で一つ、残りを一つのヤマとすると、なくしたのが昨日であることがわかります。

（5）キノーカッタカ¬サヲナクシマ¬シタ。（→昨日、傘を買った）

　　キノーカッタカ¬サヲナクシマ¬シタ。（→昨日、傘をなくした）

4. まとめ

　本章では拍、アクセント、イントネーションについて勉強しました。実際のコミュニケーションでは、イントネーションだけでなく、声の大きさやスピード、さらにはジェスチャーやアイコンタクトなどの非言語コミュニケーション

も重要です。

発音は急に上手になるわけではありません。前述の「OJAD」には、文章を入力すると、アクセントやイントネーションのマークを作成する機能もあります(「韻律読み上げチュータスズキクン」)。また、音声分析ソフト「Praat: doing phonetics by computer」(→巻末 URL 参照)を使用して、自分が録音した音声を確認することもできます(木下・中川 2019)。これらを使って学習者が自律的に音声を学ぶ手助けをすることも大切です。

もっと知りたい人へ

○『音声を教える(国際交流基金日本語教授法シリーズ2)』国際交流基金(2009／ひつじ書房)

○『音声教育の実践(日本語教師のための TIPS77 第3巻)』河野俊之(2014／くろしお出版)

○『ひとりでも学べる日本語の発音—OJAD で調べて Praat で確かめよう』木下直子・中川千恵子(2019／ひつじ書房)

○『さらに進んだスピーチ・プレゼンのための日本語発音練習帳』中川千恵子・中村則子・許舜貞(2013／ひつじ書房)

○『日本語のイントネーション—しくみと音読・朗読への応用』郡史郎(2020／大修館書店)

○『NHK 日本語発音アクセント新辞典』NHK 放送文化研究所(2016／NHK 出版)

コラム03

カタカナは英語母語話者だったら簡単？

　ある人気芸人が、海外で体当たりの英語で「おつかい（決められたミッション）」をするという番組で、その日、その芸人はアメリカで緑色のキャラクターの帽子を探さなければなりませんでした。彼がキャラクターの名前を聞き出そうとすると、現地の人がそれは「Mike Wazowski」だと教えてくれます。しかし、彼はなかなか聞き取れません。そんな彼に対して、現地の人は、「Mike、Wa、…」と区切って、教えようとしていました。それでも聞き取れず、この後もいろんな人に聞きまくります。ここで注目したいのが、この現地の人は区切り方に「音節」という単位を使っていることです。日本語の「拍」と違うのは、撥音、長音、促音、母音の連続（アイなど）の二つ目の母音を一つの塊と数えないところです。英語では、母音の連続を含む「Mike（マイク）」も一つの塊＝1音節です。日本語母語話者なら「マ、イ、ク」と三つに区切りたくなるのではないでしょうか。

　さて、Mike Wazowski、日本語では「マイク ワゾウスキ」と呼ばれています。このように英語由来のカタカナのことばは日本語にたくさんありますが、英語母語話者なら簡単なのでしょうか。いいえ、そんなことはありません。もともとの英語とは印象が変わる言葉も多くあります。その原因の一つに、音の構造の違いがあります。日本語は母音で終わる音節が多い言語ですが、英語は子音で終わる音節が多い言語です。例えば、「strike[straɪk]」という英語は母音 [aɪ] の前に三つ [str]、後に一つ [k] 子音がありますが、この言葉を日本語に取り入れる際、「ス」[sɯ] のように、子音で終わらないように母音を足し、さらに、英語にはない高低アクセントを加えます。そうすると、「ストラ￢イク」となり、元の英語とは異なる印象に変わり、英語を母語とする日本語学習者にとっても、難しい言葉に変わります。カタカナ語は多くの日本語学習者にとって分かりにくく、悩ましい問題の一つです。

Mike Wazowski!

第**4**章 文字表記（1）—文字の種類

この章のポイント！

この章では、日本語の文字に関する基本的なことを確認していきます。例えば、皆さんは日本語の文字の種類や特徴を説明することができますか。日本語の表記の正しさはどこで確かめることができるでしょうか。これらの点について確認しながら、日本語の文字について理解を深めていきましょう。

☑ **キーワード**

ひらがな、カタカナ、漢字、表語（表意）文字、表音文字、現代仮名遣い

1. 日本語の文字は何種類？

　日本語には何種類の文字があるでしょうか。何も見ずに、パッと答えられる人はどのくらいいるでしょうか。ここでは、いつも当たり前のように使っている日本語の文字とその特徴について考えていきます。

課題1

　以下の①②について、あなたはどう思いますか。それは周りの人と同じかどうか、話して確認してみましょう。

① 日本語には何種類の文字がありますか。
② それぞれ何文字ありますか。

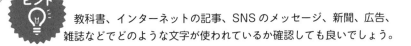

ヒント　教科書、インターネットの記事、SNS のメッセージ、新聞、広告、雑誌などでどのような文字が使われているか確認しても良いでしょう。

まずは①の文字の種類から確認していきましょう。おそらく皆さんがすぐに思い浮かべたように、**ひらがな**、**カタカナ**、**漢字**があります。そのほかにも「アルファベット（A、B、C…／a、b、c…）」「アラビア数字（1、2、3…）」「ローマ数字（Ⅰ、Ⅱ、Ⅲ…）」なども使われています。さらに、特定の世代では、外国語の文字や記号を使って日本語の文字に似せる方法もあるようです。例えば、平成の女子高生たちは「ちょぅ、ｷξﾚﾆﾚまωごがく（ちょうきそにほんごがく）」「ぁ、)ガﾞ━⊂ぅ（ありがとう）」のような"ギャル文字"を使っていたようですが、皆さんの世代ではどうでしょうか。自分が普通だと思って使っている文字や表現の仕方が、先生や親の世代にとっては普通ではない可能性があります。2、3歳年の離れた先輩たちは異なる表現の方法を使っているかもしれませんね。

　つぎに、②のそれぞれの文字数についてです。「ひらがな」と「カタカナ」は50音と呼ばれていますが、第2章でも見たように、実際には50音ではなく、文字としては「ん」を含めると46文字になります。そのほかに、拗音「ゃ・ゅ・ょ」や濁音「が・ざ・だ・ば」などもあります。ローマ字や英語などに用いる「アルファベット」は26文字で、大文字と小文字があります。「アラビア数字」は10文字ですね。最後に、「漢字」はどうでしょうか。第5章でも漢字の数について触れますが、実は、「数えきれないほどたくさん」としか答えられないくらい、はっきりとしないものです。漢字の数について、詳しく知りたい人は漢字文化資料館「漢字Q&A」のウェブサイト（→巻末URL参照）も参考にしてください。

　上で述べてきたように、日本語は何種類もの文字を使っています。このような言語、つまり、何種類もの文字を使う言語は、ほかにあまりなく、日本語は特殊な言語だということです。身近に外国から来た友だちがいたら、ぜひその人の言語についても聞いてみてください。または、ウェブ翻訳を使って外国語の文字、表記について調べてみましょう。例えば、「Google 翻訳」なら100以上の言語に翻訳できますし、「DeepL 翻訳」でも26言語が翻訳可能です。

👤 **課題2**

　以下の文章をウェブ翻訳のサイトでギリシャ語や中国語などの外国語に翻訳してみましょう。どのような表記なのか、複数の文字の種類があるかなどを確認してください。また、自分でも漢字・ひらがな・カタカナを使った文章を考え、確認してみましょう。

> わたしはジョイです。フィリピンから来ました。カラオケが好きで、J-POP をよく歌っています。日本語の歌も 5 曲くらい歌えます。
> 時間があれば、一緒に行きませんか。SNS で連絡ください。

2. 文字の種類による特徴

　課題 1 で日本語の文字の種類と数について見てきましたが、つぎはその特徴について考えていきます。

👥 **課題3**

　「漢字」「ひらがな」「カタカナ」にはどのような特徴がありますか。この 3 種類の文字をどのように使い分けていますか。どのようなことばのとき、どの種類の文字を使うのでしょうか。周りの人やグループで例を挙げながら、考えてみましょう。

> ➡ワークシートは「超基礎日本語学 website」よりダウンロード

　まずは、漢字から考えていきます。漢字はひらがなやカタカナと異なり、文字に意味が含まれています。漢字は漢字 1 字で意味を持ち、語として存在することができます。これを**表語文字**（または**表意文字**）といいます。例えば、つぎの(例 1)を見てください。「私」は「わたし」（英語の I）などの意味がありますし、「教」には「おしえる・おそわる」（英語の to teach, to learn）などの意味があります。(例 3)のように、漢字 1 字の意味を利用して、「学生」を「学」、「教師」を「教」とマークや記号のように略して使うこともあります。

(1)　　私は木村緑です。高校で数学を教えています。

(2)　　わたしはきむらみどりです。こうこうですうがくをおしえています。

(3)　　学：先生、今、時間ありますか？相談があります。
　　　　教：いいですよ。座って話しましょうか。

　一方で、ひらがなやカタカナは文字に読み方はあるものの、文字に意味はありません。それを、**表音文字**といいます。

　漢字は表語文字であること以外に何か特徴があるでしょうか。もう一度、上の例を見てください。(1)と(2)を見比べた場合、まず見た目からすぐわかるのは、文字数の違いです。漢字1文字で2、3音を表しているため、短く表現することができます。また、(1)の場合、「私」「木村」「緑」「高校」「数学」「教」と漢字が目に入ってくるため、ことばの切れ目がわかりやすくなります。さらに、漢字が語句の実質的な意味を表すため、だいたいの意味をさっと読み取ることもできます。

　では、ひらがなはどうでしょうか。(2)のように、ひらがなだけで書いた場合、全部がつながって見えてしまい、どこで区切れば良いかわかりにくく、読みづらくなってしまいます。ひらがなは、多くの場合、助詞や助動詞など漢字を支える部分を表すのに用いられています。上の(1)だと、「は」「で」「を」「です」「えています」の部分になります。つまり、漢字はその文の意味を担っており、ひらがなは文法的な意味を添えているということです。

　最後に、カタカナはどうでしょうか。つぎの(4)を見てください。

(4)　　わたしはジョイです。フィリピンから来ました。アニメが好きです。
　　　　観葉植物が好きで、家でゴムの木やシュガーバインを育てています。

　カタカナは外国から入ってきた「ことば」や「もの」を表しています。また、カタカナを使うことによって、ことばの区切り(語頭)がわかりやすくなります。そういう意味で、漢字の特徴にも少し似たところがあります。

課題4

　カタカナのことばをできるだけたくさん思い出してください。付せんなど
を使って、1枚に1語ずつ書き、書き出したカタカナのことばをカテゴリー
に分けてみましょう。その結果を周りの人やグループで比べたり、話し合っ
たりしましょう。

ヒント

　カタカナのことばが思い出せなくなったら、インターネット記事や
SNSのメッセージ、教科書、雑誌などで確認しましょう。以下のウェ
ブページでは「カタカナ語一覧」が参照できます。

●文化庁「外来語の表記　付録（用例集）」

https://www.bunka.go.jp/kokugo_nihongo/sisaku/joho/joho/kijun/naikaku/gairai/index.html

　カタカナのことばはどのようなカテゴリーに分類されたでしょうか。カタカ
ナ表記がなされることばには、①外国から入ってきたことばやもの、②外国の
地名、③外国の人名、④専門用語、⑤俗語・隠語、⑥動植物名、⑦擬態語・擬
声語／擬音語（オノマトペ）などがあるといわれています。皆さんの考えたカテ
ゴリーは①〜⑦の分類と近かったでしょうか。また、皆さんの書き出したカタ
カナのことばは、①〜⑦に分類できるでしょうか。分類によって、量に偏りが
あった場合は、あまり思い浮かべられなかった分類のことばを、ヒントで紹介
したウェブページ（文化庁「外来語の表記」）で探してみましょう。

3. かなの正しい表記・正しい読み方

　ここまで、文字の種類やその特徴などを見てきました。つぎは、表記の仕方
や読み方について見ていきます。

課題5

　一つのことばの書き方は常に1種類とは限りません。例えば、computer
やviolinは日本語でどう書くでしょうか。ほかにも複数の書き方をすること
ばがありますか。周りの人やグループで話し合ってみましょう。

正しい表記から説明していきましょう。「外来語の表記」や「**現代仮名遣い**」のウェブサイト（文化庁）（→巻末 URL 参照）の「前書き」を見てみると、「「よりどころ」として情報を提供するが、個々人の表記の仕方にまで強制するものではない」という趣旨のことが書かれています。つまり、絶対のルールはないということです。ただ、何もルールが示されないと「これで正しいのだろうか」と不安になってしまいます。そのようなときの「よりどころ」、つまり、目安として活用してほしいということになります。

ただ、このウェブサイトには目安となる表記の仕方が 1 語 = 1 表記で書かれているかといえば、そうではありません。許容される表記の仕方が掲載されています。例えば、下の枠内にあるようなことばです。これらは、どちらかが間違っているのではなく、どちらも許容されている表記の仕方です。日本語を教えるときには、自分の表記の仕方が一般的なものなのか、許容されているのかと疑う姿勢も必要になります。

- 語形そのものに揺れがあるものの例
  ハンカチ／ハンケチ、グローブ／グラブ
- 特別な音の書き表し方の例
  エルサレム／イェルサレム、エレベーター／エレベータ、
  バイオリン／ヴァイオリン、パラグアイ／パラグァイ、
  ベルサイユ／ヴェルサイユ

※「外来語の表記」（文化庁）には第 1 表と第 2 表があります。第 1 表には一般的に用いるかな（例：ア、イ、ウ、エ、オなど）があり、第 2 表には原音や原つづりになるべく近く書き表そうとする場合に用いるかな（例：イェ、クァ、ドゥ、ヴァなど）があります。

それでは、つぎの絵を見てください。ペンギンは何を持っていますか。それをカタカナで書くとしたら、どのように書きますか。それぞれの表記例をウェブ検索してみると、どのくらい件数の差があるでしょうか。

スマートホン

スマーフォン　　スマフォン

スマホ　　　スマフォ

筆者がウェブ検索をしてみたところ、スマートホン約 5,020,000 件／スマートフォン約 231,000,000 件／スマホ約 553,000,000 件／スマフォ約 3,960,000 件／スマフォン約 86,700 件でした（2021 年 9 月 15 日に Yahoo!Japan で検索）。筆者は「スマフォ・スマフォン」を使うことはありませんが、それでも想像より多くの検索結果となりました。皆さんはどうでしょうか。

　つぎに、「現代仮名遣い」は語を現代語の音に従って書き表すことを原則としていますが、表記の慣習があれば、原則と違っていても例外として認めるとしています。

> ### 課題6
>
> 　①〜④は日本語学習者からの質問です。あなたなら、どのように説明しますか。
>
> ① 「は・へ・を」の読み方はいくつありますか。またそれは、どのように使われますか。
> ② 「じ・ぢ」「ず・づ」の読み方は同じです。どうして二つの文字があるのでしょうか。
> ③ 「Osaka」は「おおさか」ですか、「おうさか」ですか。「Tokyo」は「とおきょう」ですか、「とうきょう」ですか。「お／う」はどのように使い分けますか。
> ④ 「映画・時計」は「エーガ・トケー」と聞こえますが、「えいが・とけい」と書きます。「ネーネー」と話しかけるときは「ねいねい」と書きますか。

　原則としては、現代語の読みに従って、ひらがなを使うわけですが、歴史的な慣習により、その原則に従わない語もあります。①は音（読み方）と表記の不一致に関する問題です。助詞の「は」「へ」「を」に限り、歴史的仮名遣と同じ表記の仕方とし、音による表記としないとされています。②は二つの文字の音（読み方）が同じという問題です。「じ」「ぢ」「ず」「づ」の四文字を指して、「四つ仮名」と呼びます。もともと別の音を表していましたが、16 世紀頃から混同されるようになったと考えられています。現代仮名遣いでは、語源にかかわらず、基本的に「じ」「ず」と表記します。ただ、「鼻血（はなぢ）」「三日月

（みかづき）」「気付く（きづく）」のようにもともとの語の読みが残っているものもあります。③はオ列長音に関してです。「東京（とうきょう）」「幸運（こううん）」などは「〜う」と表記します。歴史的な流れの中で「〜お」と読んでいたものを「〜う」と表記するように変化してきました。ただ、すべてが変化したわけではなく、「大阪（おおさか）」「遠い（とおい）」などは「〜お」で表記します。④のエ列長音も③と同じように歴史的な変化が背景にあります。「映画（えいが）」「例文（れいぶん）」などは「〜え」と読みますが、「〜い」と表記します。「お姉さん（おねえさん）」「ええ（はいの意）」などは「〜え」と表記します。ただし、実際にはバリエーションの認められているものもあります。例えば、「世界中」「稲妻」はひらがなでどう書きますか。「せかいじゅう」「いなずま」だけでなく、「せかいぢゅう」「いなづま」も許容されています。

　実際に日本語学習者に伝えるときには、その学習者が知っていることばから例を出して説明すると良いでしょう。現代仮名遣いについて詳しく知りたい人は「現代仮名遣い」（文化庁）のウェブサイト（→巻末 URL 参照）も参考にしてください。

課題7

　外国人の友だち（大学 1 年生）から以下の作文の日本語が正しいかどうかチェックしてほしいと言われました。あなたならどのようなフィードバックをしますか。考えてみましょう。

> わたしは　きのう　おねいさんと　ビックカメラに　いきました。まず、1 かいで　スマフォを　かいました。つぎに、4 かいで　プリンタの　インキを　かいました。

　このような日本語のチェックはそれほど単純な作業ではありません。まず考えることは、この人がこの文章を書いた目的です。宿題のため、メモとして、趣味で日本語を書いてみたなど、さまざまな目的が考えられます。目的によっては意味が通じれば良いというケースもあるでしょう。つぎに考えることは、表記が正しいかどうかです。例えば、「おねいさん」は間違いで、「おねえさ

ん」と書きますが、「スマフォ・プリンタ・インキ」は許容の範囲で、間違いではありません。そして、さらに考えることは書き手や読み手がどのような人物であるかという点です。同じ世代だったらどうか、親世代だったらどうかと考えてみると良いでしょう。

4. 文字のイメージ

　皆さんは、ある語を表記する際に、漢字で書くか、ひらがなで書くかを迷うことはありませんか。漢字で書くべきところをカタカナで書くことはないでしょうか。文字には視覚的なイメージがあります。ひらがなは丸みのある文字なので、柔らかいイメージがあり、カタカナや漢字は直線や角があるので硬いイメージがあるでしょう。また、漢字で書けることばをカタカナに変えると、読み手が「アレ？」と感じ、強調して伝えることもできます。例えば、「可愛い／かわいい／カワイイ」のイメージを考えてみましょう。それぞれウェブ検索をしてみると検索結果に違いがあることに気づくと思います。どちらの表記でも基本的な意味は変わりませんが、「カワイイ」はファッションやサブカルチャーなどについて述べるときに多く使われるようです。皆さんは「可愛い／かわいい／カワイイ」をどのように使い分けているでしょうか。

5. まとめ

　本章では、日本語の文字に関する基本的なことを確認してきました。日本語は複数の種類の文字を使っています。かなは表音文字で音を表していますが、漢字は表語文字で意味を含みます。文字には視覚的なイメージがあり、意図的に使い分けることもあります。さらに、ことばの表記の仕方にはバリエーションが認められています。自分の思い込みから正誤判断してしまうこともあるため、日本語を教える時には一度立ち止まって、ウェブサイトなどで確認したり、周りの人に確認したりすると良いでしょう。

もっと知りたい人へ

○ 『文字・語彙を教える（国際交流基金日本語教授法シリーズ3)』国際交流基金
　（2011／ひつじ書房）

○ 『新しい国語表記ハンドブック 第九版』三省堂編修所（編）（2021／三省堂）

○ 『日本語表記ルールブック』日本エディタースクール（編）（2012／日本エディター
　スクール出版部）

コラム 04

東京は Tokyo・Tōkyō・Toukyou ？

東京をローマ字で「Tokyo・Tōkyō・Toukyou」と書くことがありますが、駅名の看板にどのように書かれているか知っていますか。一つめの看板は「Tōkyō」、二つめは「Tokyo」で、母音の上の長音記号に違いがあります。

他の駅はどうでしょうか。有楽町（①）は「Yūrakuchō」、大宮（③）は「Ōmiya」で、母音の上に長音記号があります。④の看板の後楽園は、「Korakuen」と長音記号は付いていません。

ここまで見てきた4つのうち、①と③はJR東日本で、②と④は東京メトロの看板の表記です。JR東日本は長音記号を使い、東京メトロは長音記号を使わないという表記のルールがあるようです。

最後に、「高輪ゲートウェイ」や「天王洲アイル」の表記ですが、「Takanawa Gateway」「Tennozu Isle」となっていて、英語は英語で表記するというルールがありそうです。

日常生活で目にする看板にも、さまざまな表記が使われています。皆さんが利用している路線でどのような表記が使われているか確認してみてください。

53

第5章 文字表記(2) —漢字に関する基礎知識

この章のポイント！

この章では、漢字学習や漢字指導に必要な「漢字に関する基礎知識」を確認していきます。まず、学習しなければならない漢字の数はどのくらいあるでしょうか。それはどのような基準で決められているのでしょうか。また、「漢字がわかる」とはどういうことでしょうか。どのような知識が必要になるのでしょうか。そして、日本語学習者は漢字学習をどう思っているのでしょうか。ここでは日本語の漢字や、漢字学習について理解を深めていきましょう。

☑ **キーワード**
常用漢字、成り立ち、日本語能力試験、音符、パターン、部首、六書

1. 学習する漢字の数

　皆さんはこれまでどのくらいの漢字を学んできましたか。どのくらいの漢字を知っていますか。日本語学習者はどうでしょうか。まずは、学習する漢字の数から考えてみましょう。

課題 1

　以下の①②③についてこれまでの経験を思い出したり、想像したりして、ワークシートの表に〇印を書き入れてください。

① これまでどのくらいの漢字を学んできましたか。何年生のときに何文字くらい学んだか覚えていますか。
② 新聞で使われている漢字を理解するには、どのくらいの漢字を知っていたらいいと思いますか。新聞の漢字全体の80%を知っているというと何文字程度になるでしょうか。90%ではどうでしょうか。

③ 日本語能力試験（JLPT）の旧試験は 1〜4 級の 4 つの級に分かれていました。3・4 級が初級、2 級が中級、1 級が上級だとすると、それぞれ何文字くらいの漢字を学ぶと思いますか。（注：現在の JLPT の出題基準は非公開のため旧日本語能力試験のリストを参考）

➡ワークシートは「超基礎 日本語学 website」よりダウンロード

　日本では、小学 1 年生から少しずつ漢字を学んでいき、6 年間かけて約 1,000 字を学んでいます。そして、中学の 3 年間でさらに約 1,000 字を学びます。言い換えれば、9 年間で約 2,000 字を学ぶことになります。日本語学習者の場合は初級で 300 字、中級で 700 字、上級で 1,000 字、つまり、合計で約 2,000 字を学びます。例えば、大学の主専攻で日本語を学び始めた人の場合、4 年間で約 2,000 字を学ぶことになるかもしれません。

　さて、どうして約 2,000 字を学ぶのでしょうか。これは、「**常用漢字**」と関係があります。常用漢字は 2,136 字で、文化庁の「常用漢字表」によると「法令、公用文書、新聞、雑誌、放送など、一般の社会生活において、現代の国語を書き表す場合の漢字使用の目安を示すもの」とされています（常用漢字は 2010 年 11 月 30 日に 1,945 字から 2,136 字に変更されました）。つまり、義務教育期間に一般の社会生活に必要な読み書きができるようにと、約 2,000 字を学ぶことになったようです。常用漢字について詳しく知りたい人は文化庁「常用漢字表」のウェブサイト（→巻末 URL 参照）を参考にしてください。

　では、2,000 字を知らなければ、新聞や雑誌が読めないのでしょうか。古い調査ではありますが、国立国語研究所（1976）が、新聞に出現した漢字を、使用頻度の高いものから並べてみたところ、新聞の漢字全体の 80％で約 500 字、90％でも約 800 字だったそうです。もちろん出現漢字をカウントしているだけなので、その漢字のことばを読んだり書いたりできるということではありませんが、それでも、この数は注目する価値があるでしょう。日本語学習者が知ったら「500 字覚えたら新聞が読めるようになるかもしれない！」という前向きな気持ちになるかもしれませんね。

第 5 章

文字表記（2）―漢字に関する基礎知識

2. 漢字のイメージ

　皆さんは漢字が得意でしょうか。また、漢字の勉強は好きでしたか。「漢字学習は受験で終わった！」という人もいるかもしれません。一方で、生涯学習として、漢字検定を受け続けている人もいることでしょう。

課題2

　漢字や漢字学習について、子どものころのことを思い出したり、現在のことをふり返ったりしながら、①②をワークシートに書き込み、周りの人やグループで話してみましょう。

① 漢字学習についてどう思いますか。プラスイメージ・マイナスイメージをそれぞれパーセントで表し、合計100%にしてください。またプラスの理由・マイナスの理由も考えましょう。
② 日本語学習者は漢字学習についてどう思っているでしょうか。プラスイメージ・マイナスイメージをそれぞれパーセントで表し、合計100%にしてください。またプラスの理由・マイナスの理由も考えましょう。
　　　　　➡ワークシートは「超基礎日本語学website」よりダウンロード

> **ヒント**
> 「プラスイメージ」には「好き・嬉しい・楽しい」などが含まれ、「マイナスイメージ」には「嫌い・苦しい・つまらない」などが含まれます。

　幼少期から日本語の文字に触れて育ってきた人にとっては、漢字をどう思うかという問いは答えづらかったかもしれません。筆者はこれまで日本人の大学生や高校生に同じような質問をしたことがありますが、「漢字のテストでいい点が取れたかどうかなら答えられるが、好きとか嫌いとか考えたことがない」という反応が多く見られました。

　では、日本語学習者はどうでしょうか。日本語非母語話者の日本語教師を対象にした調査(濱川2011、2015など)で、同様の質問をしました。対象者は主に非漢字系の日本語教師ですが、漢字力は初級から上級までさまざまで、一般的な成人の日本語学習者と同じだと考えられます。濱川(2015)では、60名の

回答を平均した結果、プラスイメージ 78.1%、マイナスイメージ 21.9% と、おおむね好意的なイメージを持っていることがわかりました。好きな理由としては「文字の形がおもしろい・きれい」「漢字を見れば、意味がわかる」などがありました。逆に、好きではない理由としては「漢字がたくさんある」「読み方が複数ある」「字形が複雑」「一つの漢字を複数のことばで使う」などが挙げられています。表音文字を使う言語、例えば英語、ギリシャ語、ヒンディー語などを母語とする学習者の場合、「文字なのに意味がある！」というおもしろさを感じる人もいますし、漢字の形に異文化・異世界を感じたりする人もいます。漢字学習の初期にはこのようなわくわく感があります。一方で、100 字、300 字と増えていくに従って、数の問題にぶつかります。日本語教師としては何ができるでしょうか。日本語の漢字の数を減らすことはできません。日本語教師は、漢字学習に必要な知識が何か、学習を継続させるために何を知っていたら良いか、どのような学習方法を提案すれば良いかを考えていく必要があります。次節では、漢字指導に必要な知識が何かについて考えていきます。

3. 漢字の何を学ぶのか

「漢字がわかる」とはどういうことでしょうか。何を知っていたらわかったと言えるのでしょうか。ここでは、漢字がいくつ書けるか、いくつ読めるかということだけでなく、分析的に考えていきます。

課題3

表の中の用語について、下段の漢字例を使って周りの人に説明してみましょう。

用語	音符、会意文字、書き順・筆順、画数、仮借文字、形声文字、字源、指事文字、象形文字、転注文字、成り立ち、パターン、部首、六書
漢字例	日 拍 月 木 泊 紅 中 国 下 信 武 道 本 歌 男 江 など

自信をもって説明できるものはありましたか。ここでは、課題3の表の用語を7つの項目、**画数、書き順・筆順、成り立ち・字源、部首、パターン、音符、六書**に分けて、説明していきます。

〈1〉「画数」は漢字を構成する線や点の数のことです。例えば、「武」は8画、「道」は12画です。

〈2〉「書き順・筆順」は漢字を構成する線や点を組み合わせていく順序です。書き順を知りたいときは、「漢字の正しい書き順（筆順）」のウェブサイト（→巻末 URL 参照）などが参考になります。

〈3〉「成り立ち・字源」とは個々の文字の起源・変遷のことです。つまり、どのようにしてその漢字ができたのか、また今の字形になるまでの移り変わりのことです。日本語母語話者であれば、小学生のころに絵でその変遷を学んだことがあるのではないでしょうか。

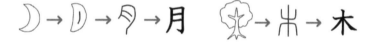

〈4〉「部首」は漢字を分類する際に用いられる漢字の一部分のことです。一つの漢字に一つの部首が割り振られていて、214の部首があります。一般的に中国の漢字字典『康熙字典』を基にしています。例えば、拍は手偏、紅は糸偏です。部首には意味が含まれています。人偏は人、言偏はことば、さんずいは水などです。しかし、「位」、「誕」、「決」など、漢字の意味からは部首の意味が想像しづらいものもあります。

〈5〉「パターン」は一つの漢字を二つの部品に分ける分類方法です。上下型・左右型・囲み型・全体型の4種類あります。例えば、男は上下型、泊は左右型、国は囲み型、本は全体型です。

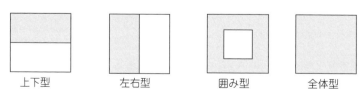

上下型　　　　左右型　　　　囲み型　　　　全体型

　パターンについて詳しく知りたい人は、『講談社漢英学習字典』（2013／

Kodansha International）なども参考にしてください。

〈6〉「音符」は漢字を分類する際に用いられる漢字の一部分のことで、漢字の
音（読み方）を表します。例えば、「拍・泊」の場合、共通している「白」
が音符で、音符の読み方は「ハク」になります。「紅・江」の音符は「工」
で、音符の読み方は「コウ」です。このように、音符がわかれば、初めて
見る漢字でも（音読みの）読み方がわかります。漢字の 80% は音符を持っ
ているといわれ、効率よく学びたい人にとってはポイントになります。

〈7〉「六書」は、最古の部首別漢字字典『説文解字』という書物に書かれてい
る「漢字を分類する基準」です。日本語母語話者であれば、小・中学生の
ころに学んだ人も多いのではないでしょうか。

象形文字	物の形をかたどったもの。それ以上の要素に分割できない。 【例】日　月　木　手　人　火　など
指事文字	位置や状態といった抽象概念を組み合わせたもの。それ以上の要素に分割できない。 【例】中　下　本　末　三　四　など
形声文字	意味を表す意符（部首）と音を表す音符の組み合わせ。漢字の 80% が形声文字。 【例】江　紅　河　歌　花　貨　など
会意文字	象形文字と指事文字を組み合わせて新しい意味になったもの。 【例】男　信　武　林　明　炎　など
転注文字	漢字本来の意味から、他の意味へと転用されたもの。 【例】「楽」はもともと音楽の意味を持っていたが、音楽を聞くことは「たのしい」ので、楽しいという意味も加わった。
仮借文字	ほかの同音・類字音の字を借用したもの。 【例】亜細亜（アジア）、我（われ）、珈琲（コーヒー）　など

※形声文字の割合は諸説あり、90% とすることもある。
※転注文字の解釈にも諸説あり。ここでは代表的な説明と例を挙げた。

4. 漢字学習は同じことの繰り返し？

　もし皆さんが漢字を教えることになったら、何をどのように教えますか？
多くの日本語教師は、①漢字の書き順、②その漢字のすべての読み方、③その
漢字の主な意味を教えると言うでしょう。そして、多くの日本語学習者は、漢
字を a. 何度も書いたり、b. 何度も読んだりして覚えると言っています。教師
の指導方法と学習者の学習方法が一致しています。そして、学習者に教師への
要望を聞いてみると、「（読み書き以外の）学習方法を教えてほしい」「用法（使
い方）を教えてほしい」と言います。つまり、学習者は書いたり読んだりして
覚えた漢字の知識をどこで使えば良いのかわかっていないうえ、a. や b. の学
習方法だけではやる気を維持するのが難しく、ほかに良い方法がないかと思案
していることがわかります。そこで教師は前述した 7 つの項目を活かして漢
字指導をすれば、学習者は漢字を学びつつ、学習方法も増やしていくことがで
きると考えられます。例えば以下の問題例のように、①最初はパターンで漢字
の認識力を高める、つぎに②部首や成り立ちを知って意味理解を深める。漢字
をある程度学んだら、③音符を意識して、漢字の知識を整理していくなどが考
えられます。さらに、用法（使い方）の練習があるといいでしょう。読み物のな
かで漢字や語彙を学んだり、作文や会話のなかで漢字や語彙を学ぶと用法に着
目した学びにつながります。

---

①パターン認識

どのパターンですか？

1) 泊　2) 国　3) 男　4) 本　5) 終　6) 家　7) 道　8) 九　9) 店

上下型　　左右型　　囲み型　　全体型

---

②部首

同じ部首の漢字を集めてグループにしましょう。部首の意味が知りたい人
はネットや辞書などで調べてみましょう。

拍　紅　泊　海　細　持　涙　打　終

部首 [　　　]（意味：　　　）　漢字＿＿＿ ＿＿＿ ＿＿＿

部首 [　　　]（意味：　　　）　漢字＿＿＿ ＿＿＿ ＿＿＿

部首 [　　　]（意味：　　　）　漢字＿＿＿ ＿＿＿ ＿＿＿

> ③音符
>
> 同じ部分（音符）をもつ漢字を集めてグループにしましょう。辞書で共通の音読みを探し，読み方のところに書いてください。
>
> 郊　泊　効　持　拍　時　伯　校　侍
>
> 音符 [　　　] 読み方 [　　　] 漢字＿＿＿ ＿＿＿ ＿＿＿
>
> 音符 [　　　] 読み方 [　　　] 漢字＿＿＿ ＿＿＿ ＿＿＿
>
> 音符 [　　　] 読み方 [　　　] 漢字＿＿＿ ＿＿＿ ＿＿＿

学習者によって好きな学習方法が異なるので、「文字の形がおもしろい」「漢字を見れば意味がわかる」と言う学習者には、上の②のような漢字の成り立ちや部首など意味に注目する学習方法が合っているかもしれません。「字形が複雑だ」と言う学習者には①のようにパターンを指導したり、「漢字がたくさんある」「読み方が複数ある」と言う学習者には③のように音符を教えたりすることで知識が整理されて、学習しやすくなるかもしれません。ただ、学習者が自分で学習方法を見つけ出すのは難しいでしょう。そこは教師の役割であり、周りの人の支えが必要なところです。近くに漢字に困っている日本語学習者がいたら、ぜひサポートしてあげてください。それぞれの練習方法に関して具体的に知りたい人は『日本語教師のための実践・漢字指導』（濱川 2010：156-170）などで確認してください。

5. 漢字系と非漢字系

ここまで、主に非漢字系学習者を対象にした話をしてきましたが、日本国内で日本語を教える場合、実際には中国出身の漢字系学習者に出会うことも多いと思われます。漢字系学習者とは日本語を学ぶより前に漢字を知っている学習者を指し、非漢字系学習者は日本語を学んでから漢字を学び始めた学習者を指します。漢字系学習者の場合、幼少期から漢字を見て育っているため、学び直す必要はないかもしれません。「（日本語は知らなくても）漢字は知っている！」という思いもあるでしょう。ただ、中国語の漢字と日本語の漢字では字形や画数や書き順、意味などが異なるものもありますし、音符を知らない漢字系学習

者もいます。前述した7つの項目をすべて扱うのではなく、学習者に合わせて取捨選択をする必要があるでしょう。

6. まとめ

　本章では、「漢字に関する基礎知識」に加え、日本語学習者が漢字をどう学んでいるのか、教師への要望にはどのようなものがあるのかなどを見てきました。あるタイ人の学習者は、先生が漢字を絵のようにとらえて説明してくれたおかげで、漢字学習に悪い印象を持たずに済んだそうです。また、日本語教師にはおもしろくて効率の良い学習方法を提案してほしいという学習者もいます（濱川 2010）。これらの点は漢字学習のモチベーションを維持させるためにも大切です。学習者がおもしろいと感じる授業をするためにも、効率の良い学習方法を提案するためにも、日本語教師は漢字に関する十分な知識が必要です。本章で学んだ「漢字に関する基礎知識」を今一度確認し、さらに漢字についての知識を深めていきましょう。

もっと知りたい人へ

○ 『日本語教師のための 実践・漢字指導』濱川祐紀代（編著）（2010／くろしお出版）
○ 『漢字指導の手引き―学習指導要領準拠　第八版』久米公（編著）（2017／教育出版）
○ 『講談社漢英学習字典』Jack Halpern（編）（2013／Kodansha International）

漢字は覚えるしかない？

　日本語学習者から「漢字を一生懸命勉強しても忘れてしまいます。いい学習方法を教えてください。」という相談を受けることがあります。100回書けば覚えられるのなら、もちろんそう助言しますが、それだけでは忘れてしまうかもしれません。皆さんは忘れないようにするために、どのような工夫をしてきましたか？

　日本語母語話者の場合、まず日常生活や学生生活の中で漢字を目にしています。趣味がある人はその趣味の世界でも漢字を目にします。それぞれの場面ごとによく出てくる漢字があるかもしれません。また、漢字を見て、漢字の意味を理解するだけじゃなく、行動につなげたり、自分の意見を発信したりすることもあります。つまり、いろいろな場面やトピックの中で漢字のインプット・アウトプットを繰り返しながら、記憶を強化させてきています。

　日本語学習者も同じです。読み書きするだけじゃなく、実際に使われる場面やトピックを意識しながら、漢字を学ぶと良いでしょう。例えば漢字を教えるときに、「この場面／トピックではこれらの漢字をよく使う」「その漢字を知っていたら○○が読める」というような「漢字can-do」があると、日本語学習者は実際の使用場面やトピックを意識しながら学ぶことができます。漢字をバラバラに覚えていくのではなく、場面やトピックの中で繰り返しインプット・アウトプットしていくことで、記憶に残りやすくすることもできるでしょう。

　この他にも皆さんがこれまでしてきた漢字学習のコツがあるかもしれませんね。それは日本語学習者にとっても有効な学習方法になりえます。近くに冒頭のような悩みをもつ日本語学習者がいたら、皆さんの学習方法をぜひ教えてあげてください。

第6章 語彙・意味（1）
―語の定義・語彙量・語構成・語種

この章のポイント！

日本語は英語と違って分かち書きされません。したがって、「語とは何か」を客観的に決めにくい言語です。例えば、日本語教育で「日本地図」という語を教えるとき、単語リストでは「日本」「地図」と2語扱いするのか、「日本地図」のように1語扱いで良いのか迷うかもしれません。また、日本語は語の構成（複合語や派生語などの合成語）によるバリエーションだけでなく、語種（和語、漢語、外来語）によるバリエーションも豊富です。語種の選択は、話したり書いたりしたときの印象にとりわけ大きな影響を与えます。この章では、日本語の語彙とその意味について考えます。

☑ **キーワード**
語（単語）、語彙、形態素、語構成、複合語、語種、和語、漢語、外来語、混種語

1. あなたは語をいくつ知っていますか

　皆さんは自分が日本語の「語」をいくつ知っていると思いますか。といっても考えるための基準がないと難しいと思います。例えば、『岩波国語辞典　第八版』は見出し語が約67,000語、小学生向けの学習国語辞典だと約15,000語〜40,000語です。

　当然、国語辞典に掲載されている語をすべて知っているという自信がある人はいないでしょうし、すべての語を知っていなければならないということもありません。また俗語や流行語など、辞典に載っていない（載りにくい）語もたくさんあります。まずは自分がどのくらい語を知っているかを予想してみましょう。

課題1

以下のウェブサイトで、自分の語彙数を予想してみましょう。
「令和版語彙数推定テスト」NTTコミュニケーション科学基礎研究所
https://www.kecl.ntt.co.jp/icl/lirg/resources/goitokusei/vocabulary_test/php/login.php

結果はどうだったでしょうか。「このテストは大まかな語彙数を推定するものです。推定結果は絶対的な正解ではないことをご了承ください。」という注意書きからもわかるように、現代の科学では人間が「どれだけ語を知っているか」を正確に測ることは困難であり、これはあくまで推定結果です。

このテストを作成したNTTコミュニケーション科学基礎研究所は、小学校6年生から大人まで4,600人に対して語彙調査をおこなっています。その調査結果によると、小6の平均が22,767語、20代の平均が49,508語となっています。これが年齢別の語彙量の推定結果となります。

ところで、本節の見出しは「あなたは語をいくつ知っていますか」で、テストの名前は「令和版語彙数推定テスト」でした。「語」と「語彙」の使い分けに注意してください。「○○さんは難しい語彙を知っているね」という使い方は間違いです。なぜなら「知っている」のは「語（単語）」だからです。語彙は「語の集まり（単語の集まり）」です。

また、このテストの指示文は下記の通りでした。これをどのようにとらえるべきか迷った人も多いのではないでしょうか。

> 知っている単語を選んでください（全50語）。読める語、意味が予想できる語でも、「はじめて見た語」や「知らない語」は選ばないでください。

そもそも語を「知っている」とはどういうことなのでしょうか。見たことがあるという程度でいいのか、説明できる必要があるのか、自分でも話すときや書くときに使えるのかなどの可能性があるでしょう。

このテストでは「「はじめて見た語」や「知らない語」は選ばないでください」と指示しています。そして、易しい語から難しい語まで50語を並べて、知っている語を基準に回答者の語彙量を推定しているわけです。

一方、日本語学習者が受験する日本語能力試験では、1級の出題基準の語彙量を10,000語としています（2009年までの旧試験の基準（国際交流基金 2002）。新試験は出題基準語彙数非公開）。少ないと思うかもしれませんが、テストに出題されることが前提になっているため「見たことがある」では不十分で、「意味が理解できる」ことが必要です。これを**理解語彙**といいます。一方、「使

用する／できる」語を**使用語彙**といいます。このように、語彙量という概念は定義次第で大きく異なります。

2. 語の定義と語構成

　それでは、語とは何でしょうか。課題 1 で「令和版語彙数推定テスト」をやってみて気づいた人もいるかもしれませんが、テストの 50 語の中には、「語（単語）」という割にはいくつかの要素がくっついた長めの語も混じっています。

　実は「語とは何か」というのは、日本語学においてかなり難しい問題の一つなのです。例えば、英語だと「I am Japanese.」は、「単語らしさ」に差はあれど、誰が見ても 3 語だとわかります。それは分かち書きされているからです。しかし、日本語で「私は日本人です。」は「私／は／日本人／です」で 4 語かもしれませんし、「私／は／日本／人／です」で 5 語かもしれません。何語なのか数えるということは、「語とは何か」が決まらないとできないのです。

　課題2

　　つぎの語を見て、それぞれ単語(1 語)と言えるかどうかを周りの人やグループで話し合い、その理由を発表してください。

自動車、自動ドア、自動販売機、自動洗濯乾燥機、自動ガス抑制装置
すのこ、キノコ、タケノコ、数の子、男の子、隣の子、村の子、神の子
すれ違い、間違い、手違い、勘違い、人違い、桁違い、筋違い、思い違い、読み違い、数え間違い、薬の飲み間違い、惹かれ合う二人のすれ違い

　　ヒント　英語など身近な外国語で考えてみたり、助詞が入るかどうかなども考えてみたりしましょう。

　何をもって単語(1 語)とするかを考えるには、**語構成**について考える必要があります。

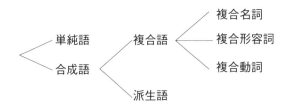

　まず、日本語学を含む言語学では「意味を持つ最小の単位」のことを**形態素**と呼びます。形態素単独で成立する語を**単純語**、形態素が複数くっついて成立する語を**合成語**と言います。

　課題2の例で言えば、「子」や「男」は単純語です。「自動車」は英語だと「car」で1語ですが、日本語では「自動＋車」と分けることができるので合成語です。

- ○車（くるま）が来た。
- ×車（しゃ）が来た。

　このとき、「車（くるま）」であれば単純語ですが、「車（しゃ）」の場合は「自転車」「三輪車」のように、他の形態素とくっつかないと成立せず、単純語になれません。単純語になれる形態素は**独立形態素**、単純語になれない形態素は**拘束形態素**と呼ばれます。

- 日本料理：日本（独立形態素）＋料理（独立形態素）＝複合語
- 日本人：日本（独立形態素）＋人（拘束形態素）＝複合語
- 日本的（な）：日本（独立形態素）＋的（接辞）＝派生語

　独立形態素もしくは拘束形態素がくっつくと**複合語**、独立形態素か拘束形態素に接辞や活用語尾が付くと**派生語**になります。「人（じん）」は拘束形態素ですが、「人（ひと）」のように単独で単純語になれるものは独立形態素です。「的（てき）」は、「日本」が名詞で、「的」をくっつけて「日本的（な）」にするとナ形容詞に品詞が変化します。このように、元の語にくっついて品詞を変化させたり、否定などの意味を付加したりするもの（例：「不」「未」「非」）を**接辞**と言

います。

　では、結局「自動車」は単語（1語）なのかという話ですが、これは「自動（独立形態素）」＋「車（拘束形態素）」なので、複合語として1語ということになります。この理屈だと、「自動車安全保安協会西日本支部事務局」も1語です。

　ただし、日本語教育ではあまりに長い複合語を1語として扱うことは、記憶の負担になるだけでなく、日本語学習者がその語に出会う機会が低いという点でも効果的ではありません。言語学や日本語学の知見は日本語教育を支えるものですが、教育現場での適用においては教育効果という独自の視点も必要になるのです。

3. 語種による日本語の印象

日本語の語彙の由来による分類を**語種**といいます。

- **和語**：日本固有の大和言葉（訓読み）に由来する語（例：人）
- **漢語**：中国から借用した語（例：人間）
- **外来語**：他の言語（漢語以外、主に欧米）から入ってきた語（例：カード）
- **混種語**：上記の三つのいずれかが組み合わさった語（例：歯ブラシ）

「は」「を」などの助詞、「らしい」「ようだ」のような助動詞も和語です。漢語は漢字の字音（音読み）を用いた語で、字音語とも呼ばれます。漢字音は中国のどの時代に入ってきたかにより呉音、漢音、唐音と呼ばれます。外来語は16世紀以降に欧米から入ってきた語が多いですが、ラーメン（拉麺）やマージャン（麻雀）などのように近代になってから中国から入ってきた語は、漢語ではなく外来語とするのが一般的です。外来語は近年、増加傾向にありますが、それでも異なり語数（重複した語を数えない）で日本語全体の10％もありません。延べ語数（重複した語も数える）だと、たった3％程度です。混種語は歯ブラシなど、語種が異なる語による複合語です。

　ひらがな、カタカナ、漢字という文字のバリエーションと共に、語種のバリエーションがあることが、日本語の語彙を豊富なものにしています。語彙が豊

富というのは、日本語教育にとってはプラス面ばかりではありません。語彙の
バリエーションが多ければ多いほど、日本語学習者にとっては覚えなければな
らないことが増えるということでもあるからです。

　また、同じモノやコトを指す語であっても、どの語種を選択するかによって
与える印象は大きく違います。

 課題3

　　づぎの作文は、初級日本語学習者が書いたものです。語種の選択は正しい
　でしょうか。不適切だと思うところに線を引き、添削してみましょう。また、
　添削前の語種と添削後の語種をメモし、グループで話し合ってみましょう。

　　　日本でのライフは快いです。なぜならタウンには便利店が多数です。
　　店舗と店舗は 100 mも間隔がありません。しかも、店の中には物の種類
　　が多いです。多数のグッズがあります。選択が自由でハッピーです。日
　　本の便利店は世界標準になればいいと思います。希望します。

　　　　　　　➡ワークシートは「超基礎日本語学website」よりダウンロード

ヒント
　　　　　この作文はどの言語を母語とする学習者が書いたものでしょうか。
　　　　作文をするときに辞書をどのように使うかも影響が大きそうです。

　このように、語種の選択は特に表現する（話す、書く）とき、日本語の印象に
大きな影響を与えます。話しことばと書きことばでも、語種の使用傾向は大き
く異なります。話しことばでは和語が多くくだけた印象となり、書きことばで
は漢語が多く硬い印象になります。ビジネス場面や医療場面では外来語が多く
使用されます。留学生に対する日本語教育では、小論文やレポートなど漢語が
多用される硬い文章の読み書きの習得が求められますが、ビジネス日本語教育
や看護・介護の日本語教育の場合は、専門用語として漢語（例：「褥瘡」「化
膿」「点滴」）だけでなく外来語（例：「アレルギー」「コントロール」）の習得も重
要になります。

　また、外来語については近年になって濫用されていることも話題になってい

ます。国立国語研究所の「外来語に関する意識調査（全国調査）」では、「今以上に外来語が増えることについての意識」について、「好ましくない 13.3%」「あまり好ましいことではない 42.0%」と過半数が好ましくないとしています。しかしながら、「好ましい 7.5%」「まあ好ましいことだ 29.5%」という声もあり、特に若年層では好ましいとする傾向があります。

　こうした調査に基づき、国立国語研究所は「「外来語」言い換え提案」や「「病院の言葉」を分かりやすくする提案」をおこなっています（→巻末 URL 参照）。

課題4

　つぎの表は、「「外来語」言い換え提案」「「病院の言葉」を分かりやすくする提案」（国立国語研究所）から抜粋した外来語です。「そもそも外来語が理解できるか」「理解できても使うか」「使われたときの印象」「もとの外来語と言い換え提案ではどちらがわかりやすいか」などについて、グループで話し合ってみましょう。

「外来語」言い換え提案	
アジェンダ	検討課題
エンパワーメント	能力開化／権限付与
オンデマンド	注文対応
コンセンサス	合意
スキーム	計画
バックオフィス	事務管理部門
プレゼンス	存在感
リテラシー	読み書き能力／活用能力

「病院の言葉」を分かりやすくする提案	
エビデンス	証拠／この治療法がよいといえる証拠
ショック	血圧が下がり、生命の危険がある状態
インフォームドコンセント	納得診療／説明と同意／納得できる医療を患者自身が選択すること
セカンドオピニオン	別の医師の意見／主治医以外の医師に意見を聞くこと／第二診断
プライマリーケア	ふだんから近くにいて、どんな病気でもすぐに診てくれ、いつでも相談に乗ってくれる医師による医療

「「外来語」言い換え提案」は、言い換えの提案ですが、「「病院の言葉」を分かりやすくする提案」は単なる言い換えではなく、専門家と一般市民の共通理解を促す提案だと言えるでしょう。後者については、外来語に限らず漢語についても同様の提案があります（例：寛解＝症状が落ち着いて安定した状態）。

4. まとめ

　本章では、語（単語）の定義、語彙量や語構成、語種（和語、漢語、外来語）について学びました。日本語教育では、学習者にどのように語を提示するかを考える必要があります。とりわけ日常生活でよく使われる語を優先する必要があるでしょう。また、語種は理解するときだけでなく、話すときや書くときにも相手に与える印象が変わります。ふだんからどのように語種が使い分けられているか注意して観察すると、日本語を教えるときに役立つでしょう。

もっと知りたい人へ

○ 『日本語教育 よくわかる語彙』秋元美晴・押尾和美・丸山岳彦（2019／アルク）

○ 『どんなときどう使う 日本語語彙学習辞典』安藤栄里子・惠谷容子・阿部比呂子・飯嶋美知子（2014／アルク）

○ 『語彙力を鍛える―量と質を高めるトレーニング』石黒圭（2016／光文社）

○ 『日本語類義表現使い分け辞典』泉原省二（2007／研究社）

○ 『日本語類義表現と使い方のポイント―表現意図から考える』市川保子（2018／スリーエーネットワーク）

○ 『図解 日本の語彙』沖森卓也・木村義之・田中牧郎・陳力衛・前田直子（2011／三省堂）

○ 『ねっこ 日日学習辞書 動詞・形容詞300』砂川有里子（監修）関かおる・尾沼玄也（2020／三修社）

○ 『類義語使い分け辞典―日本語類似表現のニュアンスの違いを例証する』田忠魁・金相順・泉原省二（編著）（1998／研究社）

○ 『基礎日本語辞典』森田良行（1989／角川書店）

コラム 06

外来語の多用は外国人にわかりやすいか

　ルー大柴さんというタレントさんをご存じでしょうか。カタカナ語をわざと無理に詰め込んだ話し方を特徴としている方です。ルー大柴さんのオフィシャルブログ「TOGETHER LOU」から引用してみます。

> 　ベイビーボーン　2020-08-23 15:30:00
> 　オーガストの21日、ファーストサン（長男）にガールのベイビーがボーン（生まれる）
> 　私にとっては3パーソンズ目のグランチャ
> 　これまではボーイだったので、ファーストタイムのガールベイビーにエキサイト

　さて、わかりやすいでしょうか。もちろん、ルー大柴さんはキャラ作りのためにわざとこういう表現をなさっているわけですが、日本語母語話者が外国人に話すとき「少しでも外来語を入れた方がわかりやすだろう」と考えて、こういう話し方をする人がときどきいます。

　外来語の多用は多くの外国人にとってわかりやすくありません。むしろわかりにくいと考えた方が良いです。その理由として、「外来語（カタカナ語）の発音が原語（多くは英語）と違いすぎる」、「和製外来語（和製英語）も多い」などがあります。

　もし発音が正しかったとしても、野球の「ナイター」は伝わりません。「night game」です。和製英語はほかにも「ノートパソコン（laptop computer）」や、「コンセント（outlet）」など、意外と多いのです。そして、「外国人＝英語話者」とは限らないということにも気をつけましょう。あなたも外国に行けば外国語を話そうとしますよね。日本に来ている外国人には、まず「やさしい日本語（→第15章参照）」で話しかけてみるようにしましょう。

ルー大柴のオフィシャルブログ「TOGETHER LOU」https://ameblo.jp/lou-oshiba/
（2021年11月15日閲覧）

第7章 語彙・意味(2)
—類義語・多義語・言語間の意味のずれ

この章のポイント！

第6章では、語彙は語の集まりであるということを学びました。それぞれの語は、単独でバラバラに存在するのではなく、ほかの語との関係を持ちながら語彙の体系の中に存在します。この章では、語の意味に注目して、語と語の関係を見ていきます。また、言語による語の意味のずれと、それによって引き起こされる日本語学習者の誤用(誤り)についても見ていきます。

☑ **キーワード**
類義語、対義語、上位語、下位語、オノマトペ、多義語、同音異義語、誤用、シソーラス

1. 語と語の関係

　皆さんは「ウサギ」という語から、どんな語を連想しますか。「ウサギと言えば…」と考えてみると、いろいろな語が出てくるでしょう。例えば、「にんじん」「動物」「月」「かめ」「ラビット」「白い」「ふわふわ」「耳」「ペット」「キーホルダー」など、さまざまな語を挙げることができます。連想される語は、何らかの意味でその語と関係があるものです。その関係は、どの人も挙げるような、ウサギの特徴である「白い」「耳」などの普遍的、客観的なものと、例えば「カバンにウサギのキーホルダーをつけている」、「月でウサギが餅つきをしている」というように個人の経験や文化によって異なる、主観的なものに分けられるでしょう。このうち、普遍的、客観的なものは、語を意味的に分類する際に用いられることがあります。

　語は、ほかの語との意味的な関係に基づいてグループ化することができます。それらは類義関係、対義関係、包摂関係です。ある語と比べたときに、似た意味を持つ語を**類義語**、反対の意味を持つ語を**対義語(反義語**とも呼ばれる)、語

73

同士が包摂関係になる場合、そのグループをまとめて名付ける語を**上位語**、まとめられる語を**下位語**と呼びます。以下、順に見ていきましょう。

2. 類義語

類義語とは、似た意味を表す語です。意味的に類似した語をまとめて検索できる辞典には、類語辞典があります。ある語と似た意味で、もう少し文脈にしっくり来る語を探したいときには類語辞典は非常に便利なツールです。

日本語のクラスで、学習者の質問が多いことの一つは類義語の区別です。「となり」と「そば」、「うれしい」と「楽しい」などは、初級の日本語クラスでよく説明されます。「冷たい」と「寒い」と「涼しい」のように、三つ以上の語の区別が必要になることもあります。

課題 1

日本語学習者が「*このジュースは寒いです。」という間違いをしました。どうして「寒い」では誤用なのか説明してみましょう。

「*ジュースは寒い」はどうして誤用なのでしょうか（*は誤用を含む文を表す）。「寒い」も「冷たい」も、身体に感じられる温度が低いことを表すという点では共通しています。しかし、「寒い」は、身体全体を通して感じられる気温が低いことを表します。一方、「冷たい」は、触れたときに手で感じたり、飲み込んだときに喉で感じたりした、温度の低さを表すという使い分けがあるのです。

日本語のクラスで、類義語の意味の違いを聞かれて、「大体同じです。」と答えることがあります。しかし、どんなに意味が似ているように見えても、まったく同じ意味で、まったく同じ使われ方をする語は存在しません。よく似た意味でも、ある一つの言語の体系の中に、別の語として存在するということは、意味や使われ方という点で、それぞれの語が別の役割を担っているということです。

さて、類義語を多く持つのが日本語の**オノマトペ**です。オノマトペとは、擬

音語、擬態語のことで、ものごとの発する音や様子を、それをイメージさせる音声を使って表した語です。日本語はオノマトペが豊富なので、オノマトペだけを集めた辞典も市販されています。「ゴロゴロ」と「コロコロ」、「ドンドン」と「トントン」は、音を出すものが大きいか、小さいかで区別されます。「ザラザラ」と「サラサラ」のような肌触り、「ギラギラ」と「キラキラ」のような光の強さや、それによる快、不快などによって区別されるものもあります。有声音と無声音（→第2章参照）のうち破裂音は、中国語または韓国語を母語とする日本語学習者にとっては混同されやすい音です。そのため、「ゴロゴロ」と「コロコロ」、「ドンドン」と「トントン」のように、有声音か無声音かで意味が変わってくるオノマトペは、正確に聞き取って意味を区別したり、正確に発音したりするのが難しい類義語です。

　雨の降り方を表すオノマトペは、降り方の程度、雨の継続の仕方などによって、いくつかの語が区別して用いられます。

課題2

　つぎのオノマトペを雨の降り方の弱いものから激しいものの順に並べ替えてみましょう。その後、周りの人やグループで比べてみましょう。
(1) パラパラ
(2) ごうごう
(3) ポツリポツリ
(4) しとしと
(5) ザーザー　　　　　　　　　　　　　　　　（→解答例は p.85）

　韓国語やベトナム語のようにオノマトペが多い言語と、中国語のようにオノマトペが比較的少ない言語があると言われます。オノマトペが少ない言語では、日本語のマンガを翻訳する際に、作中の「スタタタタ」のようなオノマトペには、対応する語が存在せず、「歩く様子」のような訳が入ることもあるそうです。

3. 対義語

　反対の意味を持つ語を**対義語**（あるいは、**反義語**）と呼びます。語と語が反対

① つぎの語の反対の関係にある語は何ですか。まず自分で考えて、その後
周りの人やグループで答えを比べてみましょう。

(1) 父　　　　　　(6) 夜
(2) 女　　　　　　(7) サル
(3) 子ども　　　　(8) 白
(4) 右　　　　　　(9) 山
(5) 権利　　　　　(10) 天　　　　　　　　　(→解答例は p.85)

② 周りの人と同じ語を書いていましたか。同じだったものと、そうではな
かったものを分けてみましょう。

➡ワークシートは「超基礎日本語学 website」よりダウンロード

の意味を持つとはどういうことか考えていきましょう。

　上記の 10 の語で、どのような特徴が対立しているか考えてみましょう。一
見、対義語らしく見えるものの、実は反対の意味を表す語として対立するとは
言えないものもあります。例えば、(7)「サル」の反対は「犬」、(8)「白」の
反対は「赤」、(9)「山」の反対は「川」という対立は成り立っているように
感じられるかもしれませんが、この対立は文化的なものです。よって、答えは
聞く人によって違っていて、特定の語に絞ることができません。ですから、こ
れらは対義語ではありません。日本語母語話者の答えもさまざまでしょうし、
日本語学習者に聞くとおそらくもっとさまざまな別の答えが返って来るでしょ
う。どの語とどの語が反対なのかについては、文化的、慣例的な語のイメージ
も関わっています。日本語以外の言語でも、反対の語として、あなたの答えと
同じものが挙げられるかどうかについて、詳しく調べてみても良いでしょう。

　(3)「子ども」の反対は「大人」（あるいは「親」）、(4)「右」の反対は「左」
のように、文化を問わず、ある語と意味的に反対だととらえられる語が**対義語**
です。しかし、反対と言っても、対義語は意味的な要素すべてが反対なのではな
く、ある一つの特徴において反対であるということです。例えば、「父」の
反対は「母」です。この場合、生物である、家族である、子の親であるという
特徴は両者で共通しますが、ただ一点、性別という特徴が反対になっています。

76

「父」とまったく特徴が重ならない、真逆の語を想像するのは、むしろ難しいですね。

課題3の例は名詞だけですが、もちろんほかの品詞の語にも対義語があります。

課題4

つぎの語の品詞と、対義語を考えて、その後周りの人やグループで答えを比べてみましょう。

(1) 上	(6) ない
(2) 北	(7) 開ける
(3) 前	(8) 生まれる
(4) 大きい	(9) 買う
(5) 長い	(10) 勝つ （→解答例は p.85）

程度を表す形容詞は、その多くが対義語を持ちます。例えば、(4)「大きい」の反対は「小さい」、(5)「長い」の反対は「短い」などです。(6)「ない」(形容詞)の対義語が「ある」(動詞)であるように、対義語の品詞が同じではないこともあります。

ところで、あまり気づかれないことですが、「大きい―小さい」、「長い―短い」、「高い―低い」のように対応する形容詞は、それぞれの対義語が程度を表す名詞として使用できるかどうかという面で違いがあります。例えば「サイズ」ということを言いたいとき、「大きさ」と言うことができますが、「小ささ」と言うことは、不自然です。ですから、「インチとはテレビの大きさを表す単位です。」、「ケーキの大きさはどれにしますか。」と言うことはできますが、「? インチとはテレビの小ささを表す単位です。」、「? ケーキの小ささはどれにしますか。」は不自然です（? は不自然な文を表す）。ただし、「その車は小回りの利く小ささが売りだ。」というように、サイズが小さいことが重視されるような文脈では、「小ささ」を用います。同じように、「長さ」、「高さ」と言うことができますが、「短さ」、「低さ」は不自然です。このことから、程度を表す形容詞では、より程度の大きいものが、程度の小さいものに比べて、より基本的な語であると考えられます。

4. 上位語と下位語

　ある語が、ある語の集まりを名付けてグループ化する、まとめる関係にある場合、それらの語は包摂関係（包含関係）にあると言えます。まとめる語を**上位語**、まとめられる語を**下位語**と言います。「動物―犬、猫、サル、ウサギ」という関係では、動物が上位語、それぞれの動物の種類が下位語です。同じレベルの語を**同位語**と呼ぶ場合もあります。先の例では、犬、猫、サル、ウサギなど、具体的な動物の種類を表す語は同じグループに分類される同位語です。グループにまとめたものが複数の階層をなしている場合もあります。犬を例にするならば、「生物―動物―犬―プードル」という一連の語が、それぞれ包摂関係を持ちます。

課題 5

① 身体のパーツを表す日本語の語をできるだけたくさん挙げて、それらの語の包摂関係（上位語、下位語の関係）を考え、その後周りの人やグループで答えを比べてみましょう。

② それぞれの語を自分の好きな外国語に訳してみましょう。
　　　➡ワークシートは「超基礎日本語学 website」よりダウンロード

　身体のパーツを表すことばをいくつ挙げられましたか。口、目、顔、手、足、頭、舌、指、爪、眉毛、歯、唇、ひじ、おでこなど、たくさん思いついたでしょうか。さて、それらの語は、横並びの関係でありません。例えば、口のパーツに舌、唇、歯があります。この場合、口が上位語、舌、唇、歯が下位語となります。

5. 多義語と同音異義語

　ある語がいくつかの異なる意味を有することがあります。これを**多義語**と言います。多義語は、ある一つの語が、共通点のある複数の意味を担っています。例えば、「切る」という語は、「ナイフでパンを切る」、「ハサミで髪を切る」な

ど、あるものを力を加えて分断するという基本的な意味を持ちます。分断には鋭利な刃物などを用いることが多いでしょう。つながっているはずのものが一瞬にして切断されるイメージから、継続的に働いていたものを遮断することに意味が派生し、「電源を切る」、「スイッチを切る」というような使い方もします。多義語は、基本的な用法と、それと共通した基本的なイメージを持つ派生した用法から成ります。

　多義語なのか、別の語なのか、判断が難しい場合もあります。例えば、「溶ける（融ける）」、「解ける」のうち、どこまでが同じ語で、どこからが違う語なのかは迷います。「紐が解ける」、「禁令が解ける」、「難問が解ける」のように、固く縛り上げられたものが緩んだ場合は「解ける」です。「砂糖が水に溶ける」のように、固形だった砂糖の凝固が緩み水と交じり合う様子や「チョコレートが溶ける」のように、凝固が緩んで液体になる様子は「溶ける」です。しかし、「緊張が解ける」は、ほどけるイメージなのか、液体になるイメージなのか、どちらでしょうか。雪や氷も「解ける」と表記することもあります。この場合のように、多義語なのか、それともつぎに説明する同音異義語なのか、判断が揺れることがあります。

　「住む」と「澄む」のように、音が同じであっても、意味的なつながりが感じられないものは、**同音異義語**と呼ばれます。「橋」と「箸」と「端」、「花」と「鼻」、「川」と「皮」など、基本的な和語にも同音異義語がある場合があります。同じ音と言っても「橋」、「端」（はし⌐）と「箸」（は⌐し）ように、アクセントで区別されるものもあります。それに加えて、漢語には同音異義語が数多くあります。例えば、「カテイについて報告します」と言った場合、「家庭」、「過程」、「課程」、「仮定」という同音異義語が存在します。多くは文脈でどの語なのか区別できますが、非常によく似た文脈で用いられる語もあります。例えば、「私立」と「市立」、「科学」と「化学」は品詞も文脈も似通っていてまぎらわしい同音異義語です。ですから、「わたくしりつ」と「いちりつ」、「かがく」と「ばけがく」、のように、聞く人がわかりやすいように、読み方で工夫しているのを皆さんも聞いたことがあるでしょう。

6. 言語間の意味のずれ

　語は、その意味する範囲が、言語によって異なることがあります。課題1で見たように、日本語学習者が、「*このジュースは寒いです。」という誤りをするのは、「寒い」と"cold"の意味のずれに気づかないからです。「*薬を食べる」という誤用もよく聞きます。韓国語では、「薬」は「먹다（食べる）」という動詞とともに使います。英語では"take"です。英語では「スープ」は、"eat"とともに使うため、日本語で「*スープを食べる」と間違えることがあります。

　耳は英語で"ear"です。"dog ear"は犬の耳でもありますが、英語では「角折れ（本の角が折られたもの）」という意味もあります。パンの耳は、英語では"crust"、中国語では「皮」です。基本的な意味は同じでも、周辺的な意味、派生した意味は言語間で共通しないことが多いです。例えば、「目」は多義語で、英語に訳したとき"eye"ではなく、別の言い方になるものもあります。

　　網の目 = mesh　　　　碁盤の目 = grid　　　木目 = grain（of wood）
　　サイコロの目 = number, spot, pip (on dice)　　　三番目 = third

　「畳の目」を"eyes of a tatami mat"と訳して驚かれたという話を聞いたことがあります。これは、木目、織物の目を表す"grain"という語を使って、"the grain of a tatami mat"と言うようです。

　ほかにも、「出会い頭、注意」という掲示を目にすることがありますが、「出会い頭」は、試しに自動翻訳すると、"meeting head"、"encounter"となりました。しかし、これでは通じず、「出会い頭の事故」は"collision at intersection"、「出会い頭にぶつかる」は"bump into each other"などとなるようです。ごく基本的な語であっても、辞書で対訳を確認しただけで安心せずに、その語がどんな場面で、どんな語と一緒に用いるのかということまで、よく調べた方が良いでしょう。

　外国語と日本語のずれを知ったとき、驚くとともに、直訳した表現が、母語話者には文学的に聞こえたり、言い得て妙とおもしろく思ったりすることも多いでしょう。例えば、「頭のねじが緩んだ。」、「お尻に根っこが生えた。」を日

本語から英語に直訳して使ったときに、英語母語話者に大笑いされたという話を聞いたことがあります。それでは、つぎの課題を通して、あなたの経験をふり返ってみましょう。

課題6

ある語を外国語に翻訳して使ったら、うまく伝わらなかったという経験がありますか。周りの人やグループで話してみましょう。

皆さんも経験があることだと思いますが、ある語を外国語の語とイコールでとらえて機械的な翻訳をすると、おかしなことになることがあります。ある語が用いられる範囲には言語間の違いがあり、外国語としてその言語を学ぶ学習者は一つずつ身につけていくしかありません。

ものごとの分け方は言語によって異なります。英語の "water" という語が、湯と水の両方を表すことに驚いた人もいるでしょう。日本語の「湯を沸かす」というのは、水を沸かして湯にするので、よく考えると不思議な表現です。英語で "my brother" と言われたときに、上？　下？と聞きたくなるのは、日本語では区別があるからかもしれません。

これとは逆に、母語に区別がない場合、外国語ではどのような区別で使い分けるのか理解するのは難しいものです。調理で用いる「焼く」は、英語では "bake"、"grill"、"roast"、"toast"、"fry" とさまざまな訳があり、自分のおこなった調理法は、どの語に当てはまるのか、はっきり区別できないということがあるかもしれません。日本語学習者の場合も、その学習者の母語で区別しないものが日本語で区別される場合、その習得は難しいと考えられます。

さて、語の区別の仕方は言語によってさまざまです。色彩、数字、位置などをどれくらい細かく分ける語があるかは、言語によっても異なるようです。中央アメリカのミシュテック語では、「右」、「左」を区別せず、パプアニューギニアのダニ族の言語では、色の名前は「白」、「黒」の二つしかないと言われています（今井 2010）。また、文化や風土に関わるものとしては、中国語は調理方法を表す語が多いと言われます。例えば、「煮 zhu」（材料を熱湯またはスープに入れて加熱する）、「煎 jian」（少量の油を熱して、平たくした材料を入れ、

両方の面がきつね色になるまで焼く）、「炖 dun」(とろ火で長い時間かけてじっくり煮込む)、「炝 qiang」(材料に火を通して、熱いうちに調味料であえる)、「煲 bao」(土鍋に入れ、長い時間をかけて煮込む)、「焖 men」(下処理した材料を鍋に入れ、蓋をして、煮詰める)など、日本語では長い説明になる調理法が中国語では動詞一語で表されます。日本語では米に関わる語が多いと言われます。「イネ」、「米」、「ご飯」と日本語では米を炊いたものか、そうではないか、植物の状態かどうかで細かく区別します。一方、英語ではすべて"rice"（ご飯は"cooked rice"とも言う)で表します。

　類義語の中には、その語と一緒に使う語がはっきり限定されて使い分けられるものもあります。例えばつぎのような動詞です。

　着脱動詞(着る／かぶる／はく／はめる／つける／巻く／羽織る など)
　破壊動詞(破る／壊す／割く／割る／砕く など)

　これらの動詞語彙は、言語によって、どれくらい細かく区別するか、どうやって区別するかが異なります。着脱動詞では、日本語の場合は、身につける身体の箇所やものによって、多くの語を使い分けなければなりませんが、英語ではジャケットやシャツのほか、スカート、くつ下、ファンデーション、メガネ、マスク、仮面なども"wear"です。着脱動詞については、「*スカートを着ます。」「*くつ下を着ます。」というような日本語学習者の誤用を目にすることがあります。

　図1、図2で示すように、持ち方に関わる動詞(持つ／抱える／載せる／掛ける／担ぐ／掲げるなど)も、持つもの、手腕の位置や手の使い方で使い分けられています。

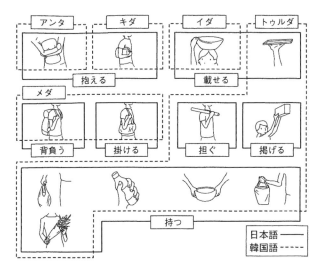

図1 「持つ」動作を表す日本語・韓国語の語（今井 2010：45）

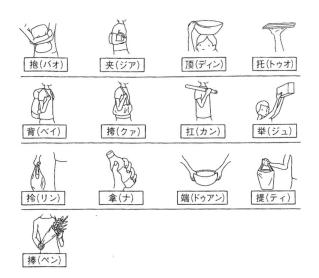

図2 「持つ」動作を表す中国語の語（今井 2010：44）

　これらの語は、中国語では日本語や韓国語よりも細かく区別され、韓国語では日本語とは異なる区別がされるというように、言語による違いが見られます。日本語では「持つ」と表現されて、それ以上区別しない「拎 lin」、「拿 na」、

第7章　語彙・意味（2）―類義語・多義語・言語間の意味のずれ

83

「端 duan」、「提 ti」、「捧 peng」の意味を中国語で正確に理解して区別するのは難しいという感想を持つのではないでしょうか。

7. まとめ

　本章では、意味的な観点から、語の関係を類義語、対義語、多義語、同音異義語に分類しました。意味的に関係する語をまとめて順に示した語彙集を**シソーラス**と言います。日本語のシソーラスとして、『分類語彙表』があります。『分類語彙表―増補改訂版―』(国立国語研究所)には、9万語を超える語が収録されています。それぞれの語を品詞と意味で分類し、似た意味の語は近くに配置されています。例えば、「存在」の下位項目として、「存在」、「出没」、「発生・復活」、「成立」という項目があり、それにあたる語がこの項目の順に掲載されています。シソーラスを使えば、個々の語の関係だけに限らず、大きな体系の中で、語同士の関係を広く見渡すことができます。

　本章で取り上げたように、それぞれの語はそれだけで孤立してバラバラに存在するのではなく、ほかの語との関係を持ちながら語彙の体系の中に、網目状に存在します。日本語学習者にとって自分の母語の方が、日本語よりもある概念を細かく区別しない場合は、日本語で正確に区別を理解するのは難しいでしょう。また、そもそも、自分の母語ではしないような区別の仕方が必要になる語が日本語に存在していることに気づくのは、日本語学習者にとって難しいでしょう。外国語の学習で、段階的に語の関係を整理することは、語と語のネットワークを形作り、体系化することになりますから、ぜひとも日本語を教える際にも活用したい方法です。

もっと知りたい人へ

○ 『ことばと思考』今井むつみ（2010／岩波書店）

○ 『図解 日本の語彙』沖森卓也・木村義之・田中牧郎・陳力衛・前田直子（2011／三省堂）

○ 『分類語彙表─増補改訂版』国立国語研究所（編）（2004／大日本図書）

○ 『日本語オノマトペ辞典』小野正弘（編）（2007／小学館）

○ 『日本語教育学入門』姫野伴子・小森和子・柳澤絵美（2015／研究社）

【課題2の解答例】

（3）（1）（4）（5）（2）

【課題3の解答例】

（1）母　（2）男　（3）大人／親　（4）左　（5）義務　（6）朝／昼

（7）犬　（8）赤　（9）川　（10）地

ただし、（7）、（8）、（9）は一例。

【課題4の解答例】

（1）名詞，下　（2）名詞，南　（3）名詞，後ろ　（4）形容詞，小さい　（5）形容詞，短い

（6）形容詞，ある　（7）動詞，閉める　（8）動詞，死ぬ　（9）動詞，売る　（10）動詞，負ける

コラム 07

外国語の語とのおつきあい

　対訳辞書を引くと、訳語が出てきます。英語の "attractive" は「魅力的な」とイコールで理解していたので、"She is very attractive." と社交的な友だちをほめたら、ニヤニヤ笑われたという経験があります。英語母語話者に確認したところ、辞書には書かれていませんが、"attractive" には、性的な魅力というイメージがあるそうです。

　日本語学習者も同じような間違いをすることがあります。例えば、先生に対して、以下のようなことばの使い方をすると失礼に当たります。

　田中先生、5日までに<u>ちゃんと</u>連絡してください。

　しかし、手元の国語辞書（『明鏡国語辞典 第2版』）の語義では、「ちゃんと」は「確実であるさま。間違いのないさま。例：時間通りにちゃんとやってくる」となっているので、辞書の説明だけでは、なぜ、先生に依頼する文で使うのが正しくないのか日本語学習者にはわかりません。

　外国語のそれぞれの語の意味を理解するためには、辞書の記述の理解だけでは不十分です。辞書で知った語は、人間関係にたとえれば、初対面で名刺交換したくらいの状況でしょうか。外国語を使う生活のなかで、新しく知った語とじっくりつきあっていくうちに、その語がどんなイメージ（語感）を持ち、どんな場所（文脈）を好む語なのか、少しずつ性格が見えてくるのかもしれません。

北原保雄（編）（2010）『明鏡国語辞典 第二版』大修館書店

第**8**章 文法（1）—学校文法と日本語教育文法

この章のポイント！

日本語母語話者が中学・高校の国語の授業で学ぶ文法は、学校文法といいます。日本語教育では、この学校文法を簡単にしたものを教えていると思われているかもしれませんが、それは違います。日本語教育では、日本語教育文法といって、学校文法とは異なる文法の考え方を使います。この章では、実際の資料を見比べながら、両者の特徴を確認していきます。

☑ **キーワード**
学校文法、日本語教育文法、自立語、付属語、活用、名詞、形容詞、動詞、文型

1. 日本語教育文法とは

　主に日本語母語話者の中学・高校生が、国語の授業で学ぶ文法を学校文法といいます。一方、日本語を外国語として学ぶ人向けの文法を日本語教育文法といいます。日本語教育文法と学校文法では、日本語を学ぶ目的が違うため、扱われる品詞の数や種類などが違います。また、動詞の活用についても、とらえ方が違います。以下では、二つの文法の特徴を見ていきましょう。

2. 品詞

　品詞というのは、ことばを文法的に分類したものです。「文法的に分類する」というのはどういうことか、学校文法の品詞分類表（→図1）を見ながら確認していきます。

①自立語か、付属語か
　「単語」は大きく「**自立語**」と「**付属語**」に分けられます。「私は毎朝8時の電車に乗る」という文において、「私」「毎朝」「8時」「電車」「乗る」は実

質的な意味を持つもので、これらを「自立語」といいます。一方、「は」「の」「に」は文法的な役割を表すもので、「付属語」といいます。

②活用の有無

　例えば「話す」なら、「話さない、話します、話す、話すとき、話せば、話せ」のように、後ろに続く語によって形が変わります。このような語を**活用**があると言います。自立語では動詞・形容詞・形容動詞、付属語では助動詞が活用します。

③活用の形

　自立語で活用があり、主な働きが「述語」になる語には、動詞・形容詞・形容動詞の三つがあります。文中での働きが同じであるこれら三つの品詞は、最後は「形」を見て区別

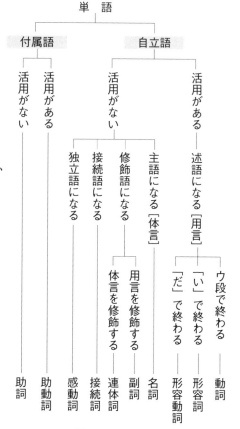

図1　品詞分類表

します。言い切りの形が「笑う、走る、飛ぶ」のようにウ段で終わるのが動詞、「おもしろい、うれしい、痛い」のように「い」で終わるのが形容詞、そして「親切だ、素敵だ、きれいだ」のように「だ」で終わるのが形容動詞です。このように学校文法では、品詞の分類に文中での「働き」と語の「形」という異なる基準を用いているため、わかりにくい部分もあります。例えば、「腕を大きく振る」「ポジティブに考える」は、どちらも「働き」を考えると用言を修飾しているので、副詞だと考えてしまいますが、「大きく」「ポジティブに」の言い切りの形は、「大きい（形容詞）」「ポジティブだ（形容動詞）」となります。

課題1

① 以下の中から、自立語を選び、それらの品詞も答えてください。
ある　ない　らしい　まで　まもる　わあ　きらいだ

② 「氷が冷たい」と「冷たく接する」の品詞は、それぞれ何か答えてください。

　もう一度、図1を見てください。学校文法では、10種類の品詞を扱っています。これに対し、日本語教育文法では、ここまで細かくは教えません。

　理由は、各文法の使用目的の違いにあります。学校文法はすでにある日本語の文を分析するために使います。機能や形の特徴によって語を分けるため、細かい分類になってきます。一方で日本語教育文法は、文を作るのに必要な語をつなぎ、文を組み立てるために使います。その際に、**文型**（文のパターン）のどの部分にどの品詞の語が入るかという知識が必要です。ただし、日本語を分析するためではないので、細かい品詞の知識は不要です。

　日本語教育の現場で、文法説明の際によく使うのは、名詞、動詞、形容詞の三つです。例えば「子猫はかわいいです」のような「 名詞 は 形容詞 です」という文型において、最初の　　　には名詞、つぎの　　　には形容詞が入る、というように説明します。日本語の文を正確に組み立てるには助詞が大切ですので、「『エアコン（　）消す』の助詞は何ですか?」のように、どんな助詞が入るか明示的に確認することもあります。このように、動詞や助詞といった品詞名を使うかどうかは日本語教育の現場によって異なりますが、文法用語の使い過ぎが学習者の負担になる場合もあるので注意が必要です。一方、学校文法で、特に古典文法を学ぶ際に、ややこしくて苦労した助動詞ですが、日本語教育では助動詞という品詞名を使うことはありません。例えば、「見た」は「見＋た」（「見る」の連用形「見」に、過去・完了を表す助動詞「た」が付いたもの）ではなく、「見た」のように分けずに教えます。

　品詞名についても、学校文法と日本語教育文法では、異なる部分があります。学校文法の「形容詞」と「形容動詞」は、日本語教育文法ではそれぞれ「イ形

第8章 文法（1）―学校文法と日本語教育文法

89

容詞」と「ナ形容詞」と言います。イ形容詞もナ形容詞も「人や物の様子や性質を表す」という点が共通していますが、活用の仕方が違います。日本語教育では、働きが同じなら一つの品詞にまとめ、活用の違いは「イ形容詞」「ナ形容詞」と区別する方法を取っています。なお、「イ形容詞」と「ナ形容詞」の違いは、名詞を修飾するときにわかります。「おいし<u>い</u>お菓子」「おもしろ<u>い</u>ゲーム」は名詞の直前が「い」になるので「イ形容詞」です。「親切<u>な</u>先生」「静か<u>な</u>部屋」は名詞の直前が「な」なので「ナ形容詞」です。ちなみに、「嫌い」や「きれい」を「嫌い食べ物」や「富士山はきれかったです」のように間違える学習者がいます。これは「嫌い」「きれい」を「ナ形容詞」ではなく「イ形容詞」だと勘違いしたために起こる誤用です。学習者にとっては、働きが同じなのに活用の形が異なる2種類の形容詞の区別が、少し厄介に感じられるでしょう。

　「<u>元気</u>な子どもだ」「<u>親切</u>な人だ」はナ形容詞として使われていますが、「<u>元気</u>がない」「周りの人の<u>親切</u>に助けられた」は名詞として使われています。また「病気⇔元気」「無名⇔有名」は対義語ですが、「病気」「無名」は名詞で「元気」「有名」はナ形容詞です。日本語母語話者でも「対義語なのに品詞は違う」ということに気づいていないことが多く、また、日本語学習者も間違えやすいポイントなので、押さえておきましょう。

課題2

　「大人」や「昭和」ということばは、本来、名詞ですが、ナ形容詞として使われることもあります。以下のAは名詞としての使い方、Bはナ形容詞としての使い方です。それぞれ、どういうもの、どういう状況をイメージしますか。周りの人やグループで話してみましょう。

①A　大人の服　　　　　B　大人な服
②A　昭和の喫茶店　　　B　昭和な喫茶店

課題2は、例えばこんな意見が出たのではないでしょうか。

大人の服：大人が着る服、大人が着られるサイズの服…
大人な服：大人っぽい服、大人のように見せる服
　　　　　（ただし、着る人は大人ではない）…
昭和の喫茶店：昭和の時代に実際にあった喫茶店…
昭和な喫茶店：今の時代にある昭和を感じさせるような古くてレトロな店構
　　　　　　　えの喫茶店、雰囲気が昭和っぽい喫茶店…

「大人」「昭和」という名詞だと、「大人」「昭和」という辞書的な意味でしか
ないですが、「大人な」「昭和な」というナ形容詞として使われると、「大人」
や「昭和」ということばが持つ性質やイメージするものまでを表します。「〜っ
ぽい」「〜のような」という語で説明されるのも特徴的です。

課題3

① 「プロフェッショナルな人」のように、「外来語＋な＋名詞」の形で「ナ形
　容詞」として使われる例を、できるだけたくさん挙げてみましょう。

② 「コピーする」や「ググる」のように、「外来語＋する（or る）」の形で
　「動詞」として使われる例を、できるだけたくさん挙げてみましょう。

　課題3-①の「外来語＋な」で使われるものには、「クールな」「ロマンチッ
クな」「ポジティブな」「スマートな」「アクティブな」などがあります。ここ
に挙げた語はすべて英語由来のものですが、一般的な国語辞典には「形容動
詞」として掲載されています。おもしろいことに、外国語（主に英語）の形容詞
が日本語に入ってくると、ほぼ、ナ形容詞として取り込まれます。一方、イ形
容詞として取り込まれるものは少なく、かつては「ナウい」がありました。そ
のほかは「エロい」「グロい」ぐらいしか定着しなかったのですが、近年これ
らに「エモい」が加わったようです（茂木・IT media 2018）。
　課題3-②の「外来語＋する（or る）」の形で動詞として使われるものには、

「サボる」「トラブる」「ハモる」等をはじめ、「ディスる」「タクる」「アピる」等といった比較的新しいものもあります。中には、「メモする／メモる」「ミスする／ミスる」のように「外来語＋する」「外来語＋る」の両方が使われているものもあります。これらの違いを考えるのも楽しいですね。

3. 動詞の活用

　活用とは、文法的な機能や他の語への続き方によって語形を変化させることです。動詞の活用表(動詞のフォーム)についても、学校文法バージョンと、日本語教育文法バージョンの二種類あります。前者は、中・高生時代から馴染みのある表だと思います。後者は初めて見るという人が多いかもしれませんが、これは初級レベルの日本語学習者が学習の際よく参照する表です。

> ### 課題4
> 　学校文法の「動詞の活用表」と、日本語教育文法の「動詞のフォーム」を見比べ、両者の違いをできるだけたくさん挙げてください。
> →ワークシートは「超基礎日本語学 website」よりダウンロード

両者の違いについて、見ていきましょう。

①「活用の種類」の数や呼び方が違う

　動詞のグループの言い方は、以下のように対応しています(表1)。学校文法では五つのグループに分けられます。日本語教育では「上一段活用」と「下一段活用」、「カ行変格活用」と「サ行変格活用」はそれぞれ一つにまとめられ、合計三つに分類されます。グループ名も「Ⅰグループ」「Ⅱグループ」「Ⅲグループ」という学習者向けにシンプルな言い方になっています(教科書によって、別の言い方もあります)。

表1　動詞グループの言い方

学校文法	日本語教育文法
五段活用	Ⅰグループ（u-verb、子音動詞）
上一段活用	Ⅱグループ（ru-verb、母音動詞）
下一段活用	
カ行変格活用	Ⅲグループ（irregular-verb、不規則動詞）
サ行変格活用	

　動詞の活用の種類の見分け方ですが、学校文法では動詞に「ない」を付けて、直前が「アの段」なら五段活用、「イの段」なら上一段活用、「エの段」なら下一段活用、のように見分けると習います。「行く」は「行かない」、だから五段活用です。日本語母語話者は、「ない」を付けたときの形から、活用の種類を見分けることができますが、「ない」の形の正しい言い方を知らない日本語学習者には使えません。そこで、日本語学習者の場合は、動詞をグループに分け、各グループの活用の仕方を学びます。初級レベルでは多くの活用形を学びますが、それぞれの動詞のグループが何かを正しく覚えておくことは非常に大切です。実際の日本語のクラスでも、学習者が「＊これを見ってください」などと不正確な活用をすると、教師は「『見る』は何グループですか？」などと質問し、「Ⅱグループです」「Ⅱグループだから、て形は『る』を取って…」「あ、『見て』です！」というようなやりとりが繰り広げられます。

②「活用形」の数や名称が違う

　活用形の数は、この表（ワークシートの表）では、学校文法が6種類、日本語教育文法が11種類あります。名称は、意味に基づくもの（例：仮定形、命令形、受身形）、文法機能に基づくもの（例：連用形、連体形、終止形）、後ろに続くことばに基づくもの（例：ます形、て形、ない形）というように、学校文法も日本語教育文法も、基準が統一されていません。日本語教育の方が活用形の数が多く、覚えるのが負担とも考えられますが、名称そのものが学習の助けになるように付けられており、日本語学習者にはわかりやすいものとなっています。

③学校文法では、一つの活用形に「後ろに続くことば」がいろいろある

　例えば学校文法の「未然形」を見ると、「ない、（よ）う、（ら）れる、（さ）せる」が「後ろに続くことば」として挙げられています。「後ろに続くことば」が何であるかによって、それぞれ意味や機能が異なるのですが、活用語尾（例えば「行<u>か</u>ない」や「行<u>か</u>せる」の「か」の部分）が同じであるために、「未然形」という一つの活用形にまとめられています。一方、日本語教育文法では、一つの形に一つの意味・機能が対応しています。例えば、「（よ）う」が付いた形は意向形（例：行こう）、「（さ）せる」が付いた形は使役形（例：行かせる）のようにです。このような対応関係になっているので、日本語教育の動詞のフォームは活用形の数が多いのです。

④学校文法では語形が同じなのに、終止形と連体形の二つがある

　これは、古典文法とのつながりの名残です。古代語には、「死ぬ」や「去（い）ぬ」のように終止形と連体形が違う形の動詞がありましたが、現代語では終止形と連体形を分ける必要はありません。日本語学習者には、両者を分ける必要はないため、これら二つをまとめて、「辞書形」と呼びます。日本語教育文法では、一つの形に一つの名称があります。辞書形は、辞書を引くときの形という意味で、日本語学習者にとっては覚えやすい名称です。

⑤どこに注目するかが違う

　学校文法と日本語教育文法、それぞれの動詞の活用表のなかの「話す」の項目を見てください。学校文法は、「さ、し、す、す、せ、せ」という「活用語尾」の変化に注目させています。一方、日本語教育文法は、「はなします、はなして、はなした、はなさない、はなす、はなそう…」という「実際に使うときの動詞の形」をひとまとまりにして扱っています。

　以上、動詞の活用表の違いを見てきました。ほかにも、具体例の数、活用形を並べる順など、異なる点があります。

4. まとめ

　本章では、学校文法と日本語教育文法のそれぞれの特徴を見るため、品詞と動詞の活用の扱いについて見てきました。両者を改めて比べてみると、違いの多さに驚いたのではないかと思います。しかし、両文法とも、使う人、使う目的、重視する点が異なるので、さまざまに違っているのは当然と言えます。

　日本語教育では、日本語教育文法の考え方で教えられることがほとんどです。そのため、いくら学校文法が得意だった人でも、日本語教育文法の知識がないまま教えたら、かなり苦労することでしょう。日本語教師を目指す場合は、日本語学習者が効率よく日本語を学んでいくのに有効な文法の知識やポイントを把握しておくことが大切です。

第8章 文法（1）―学校文法と日本語教育文法

もっと知りたい人へ

○『日本語という外国語』荒川洋平（2009／講談社現代新書）

○『新ここからはじまる日本語学』伊坂淳一（2016／ひつじ書房）

○『考えて、解いて、学ぶ日本語教育の文法』原沢伊都夫 （2010／スリーエーネットワーク）

○『日本語教育よくわかる文法』藤原雅憲（2018／アルク）

【課題1の解答】
①ある（動詞）、ない（形容詞）、まもる（動詞）、わあ（感動詞）、きらいだ（形容動詞）
②「冷たい」も「冷たく」も形容詞（※「冷たく」は連用形）

先生がキタナカッタ ??

　私が日本語教師として、韓国で日本語を教え始めた頃のことです。クラスには多くの学生がいましたが、その中に、日本語はあまり上手ではないけれど、一生懸命日本語で話しかけてくれる学生がいました。

　学生：「先生、目がオオイですね」（私：え？ 二つしかないけど…）

　学生：「先生、今日もキライですね」（私：は？ 嫌いならほっといてよ…）

　少し考えれば何を言いたかったのかわかりましたが、毎度、真剣な顔でおしい間違いをするので、笑ってしまいました。

　あるとき、学生たちに「放課後バスケの試合をするから、先生も見に来てほしい」と誘われていたのですが、仕事で見に行けなかったことがありました。つぎの日、例の学生から「先生。昨日、先生がキタナカッタから、負けましたよ」と文句を言われてしまいました。

　「汚かった」？ 「来た＋なかった」？ 「来なかった」？　ああ、なるほど！

　日本語母語話者は動詞を活用させることは考えなくてもできます。そのため、「動詞の活用表」を見てもそれほど重要なものだと感じないでしょう。しかし、この「キタナカッタ」を聞いたとき、日本語学習者の頭の中では「クル…コナイ…コナカッタ」と考えながら動詞を活用させていく過程があることに気づくことができました。例の学生は、残念ながら、「来た」から始めてしまったので「キタ…キタナイ…キタナカッタ」となってしまったのでしょう。

　この学生の数々の名言（迷言）は、授業準備で心の余裕がなかった新米教師の私に、笑いを与え、日本語教師が気づいておくべき点を教えてくれました。

第**9**章 文法（2）─日本語の文と助詞

この章のポイント！

初級の日本語学習者は、日本語の文を「～が～をV（動詞）」「～に～がV」「～が～でV」といった文型（＝文のパターン）を基に学習していきます。文型には「が」「を」「に」「で」などの助詞が出てきますが、助詞は日本語の文法において重要な働きをしています。この章では、日本語の文と助詞について取り上げます。「家にいる」「家で過ごす」のように意味が似ている格助詞、「木でできている」「はさみで切る」のように複数の意味を持つ格助詞、最後に「田中さんは教室にいます」と「教室に田中さんがいます」の「は」と「が」の違いについて見ていきます。

☑ **キーワード**
文型、動詞文、形容詞文、名詞文、格助詞、「は」と「が」、主語、主題、対比

1. 日本語の文の種類

　日本語は、文の最後に述語が来ます。述語になる品詞は、動詞・形容詞（形容動詞を含む）・名詞（＋「だ／です」）の三つです。述語が動詞の文を**動詞文**、述語が形容詞の文を**形容詞文**、そして述語が名詞（＋「だ／です」）の文を**名詞文**と呼びます。

　　動詞文：子犬が走る。妹がケーキを食べる。
　　形容詞文：内容が難しい。使い方が簡単だ。
　　名詞文：兄は大学院生だ。出身は静岡です。

　日本語教育では、この三つの文を基礎として、「～がV（動詞）」「～が～をV」などのように、一緒に使われる助詞を明示した文の型、つまり**文型**をベースに学習します。例えば、「妹がケーキを食べる」は「N1（名詞1）がN2（名詞2）をV（動詞）」という動詞文の文型で、「内容が難しい」は「N（名詞）がA（形

容詞)」という形容詞文の文型です。

　皆さんは「文型」と聞けば、中学・高校のときに学んだ英語の「第1文型：SV」「第2文型：SVC」などを思い出すかもしれません。日本語にも「文型」があることは初めて聞いたのではないでしょうか。なぜなら、日本語母語話者は日本語を「文型」としてとらえて使っていないからです。しかし、日本語の文型のルールを一つひとつ学ぶ日本語学習者は、「〜が〜をV」というように見ていることが多いです。

　ところで、「〜が〜をV」という文型の「が」「を」という語は、助詞です。助詞は日本語の文法的な役割をする大事な部品なのですが、どういう種類があるのか、どんな働きをするのか、以下で見ていきたいと思います。

2. 格助詞

助詞には4種類あります。

①格助詞
　　犬が走る　　パンを買う　　教室にいる　　会社で働く　　彼と結婚する
　　大阪へ行く　　家から大学まで歩く　　昨日より寒い　　など
②取り立て助詞
　　お茶 |は／も／さえ／まで／だけ／ばかり／なんか| 飲む　など
③接続助詞
　　ペン |と／や／か| 消しゴム　「ドラえもん」というキャラクター
　　まっすぐ行くと駅に出る　　バイト代が入ったから買い物する
　　体調が悪いのに働く　　など
④終助詞
　　なぜだろうか。　　そうだっけ。　　寒い |な／ね／よ／ぜ／わ|。など

このうち、文型の中に組み込まれて出てくるのが(主に)**格助詞**です。格助詞は、「名詞に接続し、述語との関係を表す」ものです。格助詞は、種類も多く、機能もさまざまです。日本語母語話者は自然に身につけたものですが、日本語学

習者にとって格助詞の使い分けは容易ではありません。それでは、それを実際に体験してみましょう。

課題 1

①②をまず考えてみてください。一通りできたら、周りの人やグループの人と答え合わせをしてみましょう。

① 以下の「場所に V」という文型の文を二つのグループに分けてください。
　　お菓子がかばんの中にある　　　自転車に乗る
　　飲み物をテーブルの上におく　　学校に着く
　　多くの人が駅にいる　　　　　　姉は東京に住んでいる

② ①で分けた二つの「に」が表すイメージを、絵や記号を使って、表してみましょう。
　　　　　　➡ワークシートは「超基礎日本語学 website」よりダウンロード

　まず、「格助詞は動詞の表す意味によって、使い分けられている」ということに、皆さんはピンと来ないかもしれません。おそらく「格助詞の使い分け？そもそも格助詞って何？そんなの考えたことない。雰囲気で言っているし…」という人が多いでしょう。

　課題 1-①で、「場所に V」を大きく二つのグループに分ける際に注目する部分は動詞です。「かばんの中にある」「多くの人が駅にいる」「東京に住んでいる」と、「自転車に乗る」「テーブルの上におく」「学校に着く」で分けられます。前者の動詞「ある／いる／住む」は物や人の存在の場所を表し、後者の動詞「乗る／おく／着く」はある場所への移動を表す点で共通しています。

　課題 1-②は、格助詞「に」の表すイメージを図示するとどのようになるか、という感覚的な問題です。絵や記号で表してみると、場所を表す名詞につく格助詞「に」の違いがよくわかると思います。以下に、例を示します。

存在の場所に V

到着点に V

ここまで、場所を表す名詞に付く格助詞「に」を見てきました。場所を表す名詞に付く格助詞には「で」もあります。日本語母語話者なら、「場所にV」「場所でV」が、それぞれどういう状況なのかが想像できると思います。例えば、

「机の上に座る」と「机の上で座る」を比べて
みましょう。前者は、机の上に腰かけている
状況ですが、後者はまず人が机の上に上がり、
そこで正座などをしている状況を思い浮かべ
るのではないでしょうか。このように、格助
詞一つの違いが微妙な違いになるのです。

机の上に座る　　机の上で座る

　これに対し、日本語学習者は、母語話者のように感覚的に使うことはできません。「Nに＋移動を表す動詞」「Nに＋存在を表す動詞」「Nで＋動作を表す動詞」のように、動詞のタイプによって選択される格助詞が違うことや、格助詞の違いで意味が微妙に変わってしまうことを「ルール」として理解しなければ正しく使えるようになりません。

　格助詞の中でも「に」「で」「から」などは特に多義です。そこで以下では、格助詞「で」の多義性について見ていきます。

 課題2

　「公園で遊ぶ」の「で」は動作をおこなう場所を表しています。つぎの①〜⑤の「で」は何を表しているでしょうか。

　①来週、駅前でイベントがあります。　④仕事はあと５分で終わります。
　②スマートフォンで調べます。　　　　⑤二人で旅行をしました。
　③けがで練習を休みました。　　　　　　　　　　　（→解答は p.105）

 ヒント

「で」を使わない言い方で別の言い方に変えてみると、わかるかもしれません。

　「『で』の働きは何？」と聞かれても、皆さんはふだん無意識に使っていて、改めて考えたこともないので、難しく感じたかもしれません。格助詞「で」には「に」と同様に場所を表す場合もあれば、道具や理由、時間の範囲や「二人

で」のようにまとまりを表すものなど、実にさまざまな意味があるのです。

　以上、似たような意味を持つ格助詞、複数の意味を持つ格助詞について、問題を解きながら確認しました。格助詞は文の意味を正確に理解したり、伝えたりするのに大きな役割を果たしています。文字で書いたらひらがな１〜２文字の短い語ですが、決して甘く見てはいけません。

3. 「は」と「が」

　つぎに、日本語の文法の中でも、ポピュラーなテーマの一つである「は」と「が」について取り上げます。日本語学習者の目には「は」と「が」がどう見えているのか、どんな点が難しいのか、具体的に見ていきましょう。

> **課題3**
>
> 　以下の①と②の文は、「教室に田中さんがいる」という状況は同じですが、使われる場面が違います。それぞれ、どのような状況で使われるか、周りの人やグループで話しましょう。
>
> ① 　教室に田中さんがいます。
> ② 　田中さんは教室にいます。 （→解答例はp.105）

　日本語教育では、初級の一番初めに「N1 は N2 です」という文型を習い、その後も、「N は V ます」、「N は A（形容詞）です」などの主要な文型を習っていきます。すると学習者は、文の始めに「〜は」（特に「私は」）が出てくることがよくあるので、「日本語の文は、『〜は』で始めればいいのか！　たぶん『〜は』は主語だろう」と考えます。

　ところが、しばらくすると「〜に〜がいます（教室に田中さんがいます）」のように「は」のない文型、さらに、それによく似た「〜は〜にいます（田中さんは教室にいます）」という文型が登場します。このあたりで学習者は「『います』の主語は『田中さん』だけど、『は』じゃなくていいの？『が』も主語？」と少し混乱し始めます。

　その後も、「森さんは足が長いです」や「山本さんはサッカーが好きです」

のように一つの文に「は」も「が」も出てくる文、「朝ごはんは食べました」のように目的語の位置に「は」が出てくる文、さらに、「Ａ：すてきな時計ですね。Ｂ：ええ、姉が買ってくれたんです。」のように「は」が使えない文など、さまざまな文と出会います。学習者は「『は』は何？『が』は何？どう使えばいいの？」となり、徐々にモヤモヤしていきます。

このように、日本語学習者にとって厄介で、似たようなものに見える「は」と「が」ですが、両者は働きがまったく異なるものです。日本語教師は、この点をしっかりと押さえておかなければなりません。

ところで、日本語母語話者は「『は』とは何か？」と聞かれたら、「『が』と同じで、主語に付くもの」と答える人が多いのではないでしょうか。確かに、日本の中学・高校では「主語は『は』または『が』が付く名詞」というように学びます。しかし、日本語学では、「は」と「が」は同じではなく、以下のような違いがあると考えられています。

「は」：取り立て助詞。文の中で取り立てて言いたい（話題にしたい）部分に付き、**主題**を示すマーカー。主語が取り立てられることもあるが、目的語などの主語以外のものが取り立てられることもある。

「が」：格助詞。主に、「誰がどうした」の「誰が」（主語)を示すマーカー。「サッカーが好きです」のように、目的語を示すマーカーにもなる。

注意してほしいのは、「『は』も『が』も、主語に付く」とは言えない場合がある点です。また、「は」は、「〜について言えば」というように話題にしたいことを取り上げて示す働きがあり、これを**主題**といいます。主語とは別の概念です。

では、「は」の主題の働きとはどういうものか、つぎの(1)〜(4)の例文で確認していきましょう。まず、(1)は「は」のない（＝主題のない）文です。「いつ、誰が何をした」という事実関係だけを表しています。

(1)　昨日、田中さんがアイスクリームを食べました。

(1)の状況で、特に「昨日」についてどんなことがあったかを伝えたい場合は、(2)の「昨日は」で始まる文になります。話題にしたい「昨日」を取り上げて「は」を付けた、ということです。

　(2)　昨日<u>は</u>、田中さんがアイスクリームを食べました。

つぎに(1)の状況で、特に「田中さん」について伝えたい場合は、(3)のように、「田中さんは」で始まる文になります。話題にしたい「田中さんが」に「は」を付けると、「が」が消えて「田中さんは」となります。この「田中さんは」は、主題であり、主語でもあります。

　(3)　田中さん<s>が</s><u>は</u>、昨日、アイスクリームを食べました。

最後に、(1)の状況で、特に「アイスクリーム」について伝えたいときは、(4)のように「アイスクリームは」で始まる文になります。(3)と同様で、話題にしたい「アイスクリームを」に「は」を付けると、「を」が消えて「アイスクリームは」となります。この「アイスクリームは」は、主題ではありますが、主語ではありません。

　(4)　アイスクリーム<s>を</s><u>は</u>、昨日、田中さんが食べました。

「は」は文法的な働きとしては主題を表しますが、文脈によっては、「他はそうではないが、これはそうである」という**対比**の意味合いが加わる場合があります（「朝ごはんは食べました」等）。また、話すときに、「は」のところにプロミネンス（強く発音する）やポーズ（発話をやめ、間をおく）といった音声的特徴が現れる場合にも、対比の意味合いが出ます。

　ここで登場した「主語」や「主題」、さらに「対比」という用語ですが、初級レベルの文法説明で使われることはほとんどありません。しかし、日本語教師は主語・主題・対比とは何か、その違いをわかっていなければなりません。「は」と「が」の使い分けを正しく理解し、うまく説明できるようになること

が望ましいですが、慣れないうちは難しいかもしれません。ここでは、最低限知っておいてほしい、「は」が使えない文を紹介しておきます(*は誤用を含む文を表す)。なお、(6)の例は、「お弁当を作ったのは母」、「アルバイトをしているのは弟」という状況です。

(5)　疑問詞が主語
　　　*誰<u>は(→が)</u>この絵を描いたんですか。
　　　*勉強会は、いつ<u>は(→が)</u>いいですか。
(6)　名詞修飾の中の主語
　　　*母<u>は(→が)</u>作ってくれたお弁当を食べました。
　　　*弟<u>は(→が)</u>アルバイトをしている店に行きました。

　一般の日本語母語話者は、「は」と「が」に関する使い分けに(5)や(6)のようなルールがあることを意識したことなどないでしょう。知らなくても、母語なので自然と使い分けています。ただ、日本語を教えるときにはこういった知識が必要となるので、「は」と「が」がどう使われているか、一度整理しておくと良いでしょう。
　ここまで、「は」と「が」に関するさまざまな例を紹介してきましたが、これがすべてではありません。「は」と「が」についての研究は非常に多く、奥が深い問題です。もちろん、実際の日本語教育の現場では、複雑な文法のルールをすべて一気に教えることはしません。新しいものが出てくるたびに、学習者のレベルに合わせた文法説明や練習をおこないます。また、機会をみて、これまで習った「は」と「が」の復習をしたりしながら、徐々に定着させていきます。以上のことをまとめます。

・「は」と「が」は文法的な働きが違うため、文が表す意味も違ってくる
・「は」は、文のなかで特に取り立てて(話題にして)述べたいものにつく
・「が」は、文の主語につく

　学校文法では、「私は大学に行きました」と「私が大学に行きました」にお

ける「私は」と「私が」は、どちらも「主語」と説明され、同じ働きをするもののように習います。日本語母語話者はある文脈のなかで「は」を使うか「が」を使うかを瞬時に使い分けているため、ルールを説明しようとしてもうまくできません。一方で、日本語学習者にとっては、「は」と「が」の使い分けをマスターするのは、難しいことです。日本語教師自身がまず「は」と「が」の違いをしっかりとわかっていれば、学習者のつまずきを理解し、より適切な練習や指導方法へとつなげていけるでしょう。

4. まとめ

　本章では、日本語の文と助詞について見てきました。日本語教育では日本語の文のパターンを「文型」とし、文型をベースに学習していきます。その文型のなかには文法的な役割を果たす助詞（主に格助詞）が含まれていますが、この助詞を完全にマスターすることは難しく、上級レベルの学習者でも間違えてしまうことがあります。日本語教師を目指す場合は、助詞のどんな部分が難しく、わかりにくいのか、まず知ることから始めましょう。

もっと知りたい人へ

○ 『考えて、解いて、学ぶ日本語教育の文法』原沢伊都夫　（2010／スリーエーネットワーク）

○ 『象は鼻が長い―日本語文法入門』三上章（1960／くろしお出版）

【課題2の解答】
①何かが起こる場所、②道具、③理由・原因、④時間の範囲、⑤まとまり

【課題3の解答例】
①ふと、教室を見て、「あれ？教室に田中さんがいる」と気づいた場面。または、「教室に誰かいるみたいだけど、誰がいるか」と聞かれ、「教室に田中さんがいます」と答える場面（その場合は、「田中さんです」だけでもいい）。①ではそれまでの文脈に「田中さん」が話題に上がっていないことがポイント。

②「田中さんはどこにいますか」と聞かれ、「田中さんは教室にいますよ」と答える場面。または、「鈴木さんと田中さんは教室にいるか」と聞かれ、「鈴木さんは教室にいないけれど、田中さんは教室にいます」と答える場面。②ではそれまでの文脈に「田中さん」が話題に上がっていることがポイント。

コラム 09

良い例文を作る

「下手な説明はいらない。わかりやすい例を三つ挙げなさい」これは私が大学院生の頃、指導教官によく言われていたことばです。研究の場でなくても、日常生活のあらゆるところで、「わかりやすい例」は大切だと思います。

日本語学習者に文法を教えるとき、「いつ使いますか」「どんなことばと一緒に使いますか」「○○という文型と似ていますが、どう違いますか」というように、さまざまな質問が出ます。特に、中上級の文型は、初級の文型に比べ使用頻度が低いもの、使用場面が限られるもの、意味や形が似ているものが多くなり、日本語教師は説明するのに苦労します。

こういうときによく例文を使って説明しますが、例文は「よく使う形で」「わかりやすい文脈で」提示することが肝要です。とはいえ、例文を自分の頭のなかだけで考えるには限界があります。教師自身の内省だけでなく、多くの人の使用実態を踏まえて例文を作るには、コーパス（電子化された大量の言語データ）を利用することをお勧めします。コーパスを検索すると、多くの用例が取り出せます。例えば「現代日本語書き言葉均衡コーパス（通称、BCCWJ）」です。これを見るだけでも十分に参考になるのですが、さらに文型の前・後に来ることば、文末の形、文章のジャンルなどに注目して見ると、より詳細な使用傾向をつかむことができます。

仕上げに、学習者にとって関心のある内容や身近な場面にアレンジすれば、学習者にとってより理解しやすいとっておきの例文が作れるでしょう。例文一つ作るにもいろいろ工夫が必要です。

「現代日本語書き言葉均衡コーパス（BCCWJ）」国立国語研究所
https://ccd.ninjal.ac.jp/index.html（2021年11月15日閲覧）

第**10**章 文法（3）—時に関わる表現

この章のポイント！

日本語では、文末部分の述語にさまざまな文法的な意味を表す要素を連ねることで、多様な文が表現されます。それぞれの要素としてはどんなものがどのような順序で現れるでしょうか。そして、日本語学習者にとって、どんなところが難しいのでしょうか。この章では、まず、時に関わる二つの要素、テンスとアスペクトを取り上げます。ル形は現在、タ形は過去というように単純にはとらえることのできない、時に関わる表現のふるまいを観察してみましょう。

☑ キーワード

文法カテゴリー、テンス、アスペクト、ル形、タ形、進行中、結果残存

1. 文法で示すいろいろな要素

　まず、「この服を買う」と「この服を買った」という表現を比べてみてください。この二つの表現の違いは「買う」と「買った」にありますね。「買う」ではまだこれからこの服を買うのに対し、「買った」は「買う」という動詞に「た」が続くことで、その出来事が「すでに成立した＝**過去**」に起きたということを表します。日本語では、このようにその出来事が過去に起きたのか、まだ起きていないのかといった時間に関する情報を述語を変化させて示す必要があります。つまり、ここでは動詞が「た」につながることで「過去」という文法的な意味を表していると考えます。

　このように、文を作るときに必要となる文法的な意味にはどのようなものがあるか、課題1で考えてみましょう。

 **課題1**

〈　　〉のなかのことばをすべて使って適切な形に直し、以下の会話のB
さんのセリフを考えてみましょう。

「呼ぶ」 + 〈らしい・た・ている・れる・よ〉

A: ノーベル賞を取るような人って、きっと常に優秀だと言われ続けてきた
　　んだろうね。
B: そんなことないみたいだよ。あの山中伸弥さんは、大学院生のころは落
　　ちこぼれで「ジャマなか」って呼ば（　　　　　　　　　　　　　　　）。

　答えは、「呼ば＋れ＋てい＋た＋らしい＋よ」となるのではないでしょうか。
日本語では、このように述語の末尾にさまざまな要素を付けることで、あるい
は、付けないという選択をすることで、いろいろな文法的な意味を表します。
ここでつなげた一つひとつの要素の示す文法的な意味が、文を成立させるため
の**文法カテゴリー**です。

　文法カテゴリーとは、文法的な意味をその性質ごとに分けたもののことで、
それぞれつぎのような用語で呼ばれます。そして、その接続の順序には一定の
ルールがあります。

呼ば	れ	てい	た	らしい	よ
	ヴォイス	アスペクト	テンス	対事的モダリティ	対人的モダリティ

　まず、最初に動詞につながるのが**ヴォイス**と呼ばれる文法カテゴリーで、出
来事に登場する人や物のうち、どの立場から描くかを表します。ここでは、誰
が「呼ぶか」ではなく、呼ばれる対象の山中先生を主語として出来事の中心に
おいて述べるために、「呼ばれ（る）」という受け身の形が使われています。こ
のようなヴォイスについては第11章で説明します。

　続いて現れるのが、出来事が1回きりではなく、継続的に起きていたこと

108

を示す「ている」と、それが過去の出来事だったことを示す「た」で、それぞれ**アスペクト**と**テンス**と呼ばれる文法カテゴリーに属します。いずれも、出来事の時間に関する文法カテゴリーで、これについては第2節以降で詳しく見ていきます。

その後ろに現れるのが「らしい」「よ」などの、**モダリティ**と呼ばれ、出来事をどのように伝えるかという話し手の態度に関わる文法カテゴリーです。例えばこの例では、話し手が自身の実体験としてではなく、「らしい」という「他から得た情報であって自分で確かだと確認はしていない」という態度で述べつつ、「よ」と聞き手に働きかける姿勢を伝えています。前者のような出来事をどうとらえているかに関わる表現は**対事的モダリティ**（または判断のモダリティ）、後者のような聞き手にどのような態度で伝えるかは**対人的モダリティ**（または伝達のモダリティ）と呼ばれています。モダリティについては、第12章で扱います。

こうした文法カテゴリーは、文を表現するために必ず必要となる要素、つまり、話し手が常に選択している要素です。先の例で、たとえ「呼ばれていた。」と文が終わり、「らしいよ」が言語化されていなかったとしても、それは、モダリティがないのではなく、「事実として断定的に述べ、聞き手に働きかけるような終助詞は付けない」という述べ方をモダリティとして選んだ、というように考えます。

日本語教育では、学習の初期段階から、例のように多くの文法カテゴリーがすべて言語化された複雑な文を扱うのは難しいでしょう。そこで、多くの場合、各文法カテゴリーに関する表現を一つずつ取り上げ、「文型」として練習していきます。代表的な初級日本語教科書で、各文法カテゴリーの主な文型がどのような順序で学ばれているのかをつぎの表1で見てみましょう。文法的な観点に基づく文型シラバスの初級日本語教科書『みんなの日本語』や『げんき』は概ね教科書に出てくる順序が似通っており、課題（日本語を使って何ができるか）に基づいて学習項目が組まれている『まるごと』では順序が大きく前後しているところもありますが、どの教科書もそれぞれの文法カテゴリーに属する表現が丁寧に取り上げられていく姿勢には変わりありません。

第**10**章

文法（3）—時に関わる表現

表1　各文法カテゴリーに関わる表現（抜粋）の出現順序
（『みんなの日本語』（みん日）の順序を基準に他2種を並記・初出の課のみ）

カテゴリー	文型	みん日	げんき	まるごと
テンス	〜ました／〜ませんでした	4	4	入門8
アスペクト	〜ています（進行）	14	7	初Ⅱ・1
アスペクト	〜ています（結果の状態）	15	9	初Ⅰ・1
モダリティ	と思います	21	8	初Ⅰ・18
モダリティ	でしょう	32	12	初中・6
ヴォイス	〜られます（受け身）	37	21	初Ⅱ・18
ヴォイス	〜させます（使役）	48	22	中Ⅰ・3

2. 時間に関わる表現1 ―テンス

　テンスというのは、出来事がいつの時点で起きる／起きたかなど、時間を表す文法カテゴリーです。基本的には、「ある／あった」「行く／行った」というように「た」の有無による対立で示され、それぞれを**ル形**と**タ形**と呼びます。「あります／ありました」「行きます／行きました」という「です・ます」体の場合も同様に考えます。

課題2

以下の表の空欄を埋め、ル形とタ形の形を確認しましょう。
※「です・ます」をつけない形（「あります／ありました」に対する「ある／あった」の形）を「普通体」と呼びます。

	ル形		タ形	
	です・ます体	普通体	デス・マス体	普通体
名詞：学生	学生です			
ナ形容詞：静か		静かだ		
イ形容詞：暑い				暑かった
動詞：ある			ありました	
動詞：行く	行きます			

➡ワークシートは「超基礎日本語学 website」よりダウンロード

名詞やナ形容詞、イ形容詞、そして「ある」のように状態を表す動詞の場合は、基本的に、ル形が現在を、タ形が過去を表していますが、「行く」のような動作を表す動詞ではどうでしょうか。「学校へ行きます」は、現在の状態ではなく、これからのこと、すなわち、未来のこと(明日学校に行く、これから学校に行く)を表します。また、ル形は、そのほかにも、一般的な事実(地球は丸い、水は0℃で凍る)、恒常的なこと(毎朝、野菜ジュースを飲む)などの意味も表します。つまり、ル形は必ずしも「現在」を表すものではありません。

　また、日本語では、過去に起きた出来事が、いつでもタ形で表現されるわけでもありません。例えば、つぎの例から考えてみましょう。

課題3

　以下の例は日本語学習者によく見られる誤用です。①②について周りの人やグループで話し合ってみましょう。(*は誤用を含む文を表す)

*日本に来た前、日本語を少しだけ勉強しました。

① なぜ、この学習者は「来た」と表現したと思いますか。
② なぜ、「来た」では誤用となるのか、説明してください。

つぎの例を見てください。

(1) 去年、ハワイに<u>行く</u>とき、新しい水着を買いました。

　ハワイに行ったのも、水着を買ったのも去年の出来事ですが、「とき」の前にはル形が、文末にはタ形が使われています。日本語では、この例のように一つの文のなかに二つの出来事が述べられているときは、二つの出来事、この例では「ハワイに行った」ことと「水着を買った」ことの時間関係を考えます。

　二つの出来事が述べられる文のうち、課題3の「(日本に来る)前」や(1)の「(ハワイに行く)とき」のように、文の前半に述べられている部分を**従属節**、文の後半の「日本語を少しだけ勉強しました」「新しい水着を買いました」の部分を**主節**と言います(→第12章参照)。主節の文末では、過去の出来事にはタ

形、そうでないときはル形が使用されます。しかし、従属節では、主節の出来事が先に起こり、そのときはまだ従属節の出来事が起きていない場合には、それが過去の出来事かどうかにかかわらず、ル形を使用します。逆に、従属節の出来事が起きてから主節の出来事が起きる場合にはタ形が使用されます。

（従属節）　ル形　　　とき、　　　　　　　（主節）　　　　　　。

　〈②従属節の出来事〉　　←　　〈①主節の出来事〉

　去年、ハワイに<u>行く</u>とき、　新しい水着を買いました。

（従属節）　タ形　　　とき、　　　　　　　（主節）　　　　　　。

　〈①従属節の出来事〉　　→　　〈②主節の出来事〉

　去年、ハワイに<u>行った</u>とき、　水着を買いました。

（1）では、「〈①主節の出来事〉水着を買う」が起きたとき、まだ「〈②従属節の出来事〉ハワイに行く」は起きていないので、「行く」とル形が使われます。もしもハワイに行ってから水着を買った場合、つまり、「①ハワイに行く」→「②水着を買う」という順序であればタ形が使われ、（2）のようになります。

（2）去年、ハワイに<u>行った</u>とき、水着を買いました。

従属節のテンスは、出来事が起きたのが過去のことかどうかではなく、主節の出来事との関係で決まるのです。

 課題4

　①　つぎの（　　）の動詞がル形になるか、タ形になるかを考え、従属節のテンスのルールを確認しましょう。

　（1）うちを（出る→　　　）とき、「行ってきます」と言います。
　（2）うちに（帰る→　　　）とき、「ただいま」と言います。
　（3）相手に悪いことを（する→　　　）とき、「どうもすみません」と言います。
　（4）人にものを（頼む→　　　）とき、「あの、すみません」と言います。

② ルールが確認できたら、課題３の②なぜ、「日本に来た前」が誤用となるのか、もう一度、説明してみましょう。　（→解答例はp.118）

そのほかにも、タ形は以下のように、「過去」という考え方だけではとらえにくい、さまざまな用法があります。

(3) おかあさん、ご飯できた？（完了）

(4) やばい、明日、テストだった！（想起）

(5) メガネはどこだろう…あ、あった　（発見）

このように、日本語では、ル形は必ずしもいつも「現在」を表しませんし、タ形がいつも「過去」の出来事を表すわけではありません。

3. 時間に関わる表現２ ―アスペクト

時間に関わる文法カテゴリーをもう一つ、見てみましょう。

(6) 今朝、うちを出ようとしたとき、強い雨が降っていた。

「うちを出た」のも、「雨が降っていた」のも「今朝」、つまり、テンスとしては過去の出来事です。でもそれとは別にこの文では、「うちを出ようとした＝まだうちを出ていない、出かける直前」というタイミングや、「雨が降っていた＝その時点で雨はすでに降り出し、降り続いている最中だった」という時間に関する状況が表現されています。こうした、出来事が始まりから終わりまでのどの「局面」にあるかを表す文法カテゴリーを**アスペクト**と言います。例えば、以下のような形式があげられます。ほかにもどんな表現があるか、考えてみてください。

出来事の「開始時・直前」を表す例：

　　今からそちらへ 行く ところだ。　彼女は静かに話し始めた。

出来事の「継続」を表す例：

　　今、 着替えている ところだ。　雨が降っている。

出来事の「終了・直後」を表す例：

　　今、 帰ってきた ところだ。　バスは、今、行ったばかりだ。

　「〜ところだ」は、上記の 　　 で囲んだ部分のように、前につく動詞の形（ル形／〜ている／タ形）によって異なるアスペクトを表す形式です。また、「継続」を表すアスペクトの表現として、日本語教育の初級段階では、「ている」を使った表現（以下「テイル」と表記します）が中心的に扱われます。つぎは、この「テイル」について見てみましょう。

課題5

　つぎの①〜⑧を、「テイル」の表している性質の違いから、二つのグループに分けてみましょう。終わったら周りの人やグループで答えを比べ、それぞれどんな状況を表しているか話し合ってみましょう。

①おいしそうにご飯を食べている　　⑤朝からずっとテレビを見ている
②あれ？　電気が消えているよ　　　⑥おしゃれな帽子をかぶっているね
③このパソコン、壊れている　　　　⑦どうして泣いているの？
④ハンマーでパソコンを壊している　⑧あそこに 100 円玉が落ちている

（→解答は p.118）

ヒント

　「継続」しているのが「動作」か「状態」かを考えましょう。「今、〜ているところです」や「〜続けている」と言い換えてみても違いが見えてくるかもしれません。

「テイル」には、基本的な用法が二つあります。一つは、ある動作が開始から終了までの間、継続して行われていることを述べる表現で、「**進行中**」と呼ばれるものです。課題 5-①の「食べる」を例に、ル形・タ形と「テイル」の時間関係を絵で表すと以下のようになります。

　もう一つは、ある時点で変化が起き、その変化の結果の状態がそのまま続いているというもので、「**結果残存**」と呼ばれるものです。課題 5-②の「消える」を例に、ル形・タ形と「テイル」の関係を絵で表すとつぎのようになります。

　この用法には、基本的に「消える・割れる・落ちる」といった、語彙的に変化の意味を含んでいる動詞が用いられます。この結果残存の用法は、日本語学習者にとって、進行中の用法よりも難しいと言われています。例えば、つぎのような場面で、「テイル」を使わずにタ形を使ってしまったら、どのような問題が起こるでしょうか（?は不自然な文を表す）。

（アルバイトをしているレストランでお客さんに出そうとしたコップにひび割れを見つけました。店長に報告します）

　（7）あなた：あれ、店長、このコップ、 $\left\{ \begin{array}{l} ?　割れましたよ。 \\ ○　割れていますよ。 \end{array} \right.$

　日本語の場合、「割れました」とタ形を使うのは、割れた瞬間を見たときであって、「ひびが入っている＝すでに割れた状態であった」のを見つけたときは、結果残存の「テイル」を使います。しかし、例えば中国語母語話者は、今の割れている状態よりも、過去に「割れる」という変化があったことに注目し、「割れましたよ」という表現を使ってしまうことが多いそうです。その結果、自分が割ったのだと誤解され、バイト代から弁償させられるようなことがあったら大変です。結果残存が適切に運用できるように、しっかり練習をおこなう必要があります（→コラム10参照）。

　「テイル」を使った表現は、さらに観察すると、実はとても複雑な使われ方をしていることが見えてきます。

　（8）今、日本語を勉強しています。

　（8）の表現は、今、授業中だったり、宿題をしていたりと、まさに日本語を勉強する動作のまっ最中ということもありますが、そうではなく、「今、東京へ語学留学中」という自分の学生としての身分を説明する場合にも使われます。また、「メイクしている」という同じ表現が、（9）のように進行中になったり、（10）のように結果残存になったりすることもあります。

　（9）　今、メイクしているとこだから、ちょっと待っていてね。（進行中）
　（10）　あれ、今日はばっちりメイクしているね。どうしたの？（結果残存）

進行中

結果残存

さらに、上記の基本的な二つの用法以外にも、以下のような使われ方をすることもあります。

(11)　最近、毎朝、青汁を飲んでいる。（習慣）
(12)　彼は、3年前に一度、パリに行っている。（経験）

　「テイル」を適切に使うことは、上級レベルの日本語学習者にとっても難しいと言われています。どのようなときに、なぜ「テイル」が使われているのかを改めて考えてみることで、日本語学習者が感じる「テイル」を使った表現の難しさが想像できるかもしれません。

👤 **課題6**

① 好きな小説から2〜3ページを選び、そこに出てくる「テイル」が使われている文を「進行中」と「結果残存」に分類してみましょう。はっきり分けられない用例があったら「その他」として、どんな特徴を持っているか考えてみましょう。

② 論文や専門書から2〜3ページを選び、そこに出てくる「テイル」が使われている文を①と同様に分類してみましょう。分類した結果が①とはどのように異なるかについても考えてみましょう。

4. まとめ

　本章では、主に文末に反映されるさまざまな文法カテゴリーを紹介し、そのなかの時間に関するテンスとアスペクトについて考えました。
　出来事をどのように時間の流れのなかに位置づけ、どのような言語形式で表現するのかは、言語によって異なります。日本語母語話者のなかには、英語を勉強するときに、「時制の一致」や「現在完了」「過去完了」といった英文法にとまどった方もいるのではないでしょうか。同じように、日本語学習者も、日本語の時間のとらえ方に難しさを感じることがあります。
　本章で見てきたように、日本語では、ル形＝現在、タ形＝過去、というよう

に単純に考えることはできません。また、動作の進行と結果の状態を同じ「テイル」という形式で表現します。日本語学習者の目を通して、日本語における時間表現の表し方を客観的にとらえ直してみると、また新たな発見があるかもしれません。

もっと知りたい人へ

○ 『新しい日本語学入門―ことばのしくみを考える 第2版』庵功雄（2012／スリーエーネットワーク）

○ 『初級を教える人のための日本語文法ハンドブック』庵功雄・高梨信乃・中西久実子・山田敏弘（著）松岡弘（監）（2000／スリーエーネットワーク）

○ 『文法の時間』村田美穂子（編）（2005／至文堂）

【課題4の解答・解答例】

① (1)出る　(2)帰った　(3)した　(4)頼む

②従属節にタ形を使うのは、主節の出来事よりも前にその出来事が起きた場合です。ここをタ形にすると、「日本に来る→そのあとで、日本語を勉強する」という順序で出来事が起きたことになってしまいます。

【課題5の解答】

進行中 ①④⑤⑦　　結果残存 ②③⑥⑧

コラム 10

テイルって難しい

かつての学生が久しぶりに会いに来てくれたときの会話です。

私：わあ〜、Jさん。元気？　帰国して2年か。今、何をしているの？
J：はい、先生。日本を旅行しています。
私：（あ、いや、そうじゃなくて…聞きたかったのは仕事とかのこと…）

　これは、「テイル」を使ったよくあるミスコミュニケーションです。こうしたテンスやアスペクトの表現については、以下のように学生もよく疑問に思うようです。日本語の時間を表す表現はつくづく難しく、おもしろいなと思います。

・車の運転をしていたら、検問があって、「お酒、飲んでいますか？」って。缶ビールでも飲みながら運転しているように見えますか？
・店長から「Rさんはベトナムの人だったよね？」って言われました。日本にもう5年いますが、私は今でもベトナム人ですよ。

　習得が難しいとされる結果残存のテイルについて、筆者はちょっとしたいたずらを利用して授業を始めることがあります。

教師：はい、今日の漢字クイズでーす。
　　　（いつも通りプリントを配る。中に、破れたものを混ぜておく）
学生A：あれ、先生、すみません。このプリント、破れましたよ。
教師：え、（少し怒って）Aさんが破いたの？！　ちがう？
　　　ああ、こんなときは「破れています」って言ってね。

　誰でも自分のプリントが破れていたら困るので、伝えようとして「テイル」をすんなりと使えるようになるようです。日本語の授業では、ことばの使い方を伝えるために、いろいろな工夫をします。どうすれば学習者が表現を自然に身につけられるかと、あれこれ頭を悩ますのは、とても楽しい作業です。

第**11**章 文法（4）—視点に関わる表現

この章のポイント！

ある出来事を言い表すときに複数の言い方ができることがあります。複数の言い方は異なるニュアンスを生み、文脈に合わせて使い分けなければなりません。例えば、「ミホちゃんがユウくんを叩いた。」（能動文）、「ユウくんがミホちゃんに叩かれた。」（受動文）という二つの文は同じ出来事ですが、完全に同じ意味ではありません。文の中心である主語が変わることで、まるで舞台上でスポットライトの切り替えが起こるように、目を引く点が変わり、異なるニュアンスを生みます。この章では、スポットライトの切り替えが起こる表現として、受動表現と能動表現、自動詞表現と他動詞表現、授受表現の三つを取り上げて、言語によって好まれる表現が異なることで生じるニュアンスのずれについても考えます。

☑ **キーワード**
受動、能動文、受動文、視点、ヴォイス（態）、自動詞、他動詞、授受

1. 受動（受け身）

　ある出来事について複数の言い方ができる表現として、本節では、まず、皆さんに比較的なじみ深い、**受動**表現を見てみましょう。皆さんも英語を習ったときに、"John wrote this book." の "this book" を主語にして、"This book was written by John." のように、受動文と能動文の置き換えを練習したことがあるかもしれません。本節では、日本語の受動文と能動文のニュアンスの違いを考えてみましょう。つぎの絵を見てください。

ミホちゃん　　ユウくん

　絵で描かれている出来事には、ミホちゃんとユウくんという登場人物がいます。人や物の間でおこなわれる行為で、片方がもう片方に影響を及ぼす行為を「働きかけ」といいます。ミホちゃんとユウくんの間で起こったのは、「叩く」という働きかけです。どちらがどちらに働きかけていますか。働きかけの方向を考えて、上の絵の中に矢印を書き加えてください。

　皆さんが書いた矢印の方向は、ミホちゃんを始点にして、ユウくんに向かっているでしょう。ミホちゃんのように、矢印の始点となる、働きかける方を「働きかけ手」、ユウくんのように、矢印の終点となる、働きかけられる方を「受け手」と言います。それでは、この出来事をミホちゃんの立場、そしてユウくんの立場になって表現するとどうなるでしょう。

　一つの出来事ですが、ミホちゃんの立場では、「ユウくんがおもちゃを取ったから、叩いたの。」（「私（＝ミホちゃん）がユウくんを叩いた。」）となりますし、ユウくんの立場では、「一緒に遊んでいたら、ミホちゃんに叩かれたの。」（「ぼく（＝ユウくん）がミホちゃんに叩かれた。」）というように表現できるでしょう。これらはそれぞれミホちゃん、ユウくんを主人公にした表現です。前者の働きかけ手が主語になる文を**能動文**、後者の受け手が主語になる文を**受動文**と呼びます。受動文は「受け身文」と呼ばれることもあります。

　　能動文：ミホちゃんが　ユウくんを　叩いた。
　　受動文：ユウくんが　ミホちゃんに　叩かれた。

　二つの文の構造（骨組み）を見てみましょう。
　　能動文：A［働きかけ手］が　B［受け手］を　動詞
　　受動文：B［受け手］が　A［働きかけ手］に　動詞＋（ラ）レル

二つの文について、一つ目の違いは主語です。能動文と受動文では、AとB
の語の位置、すなわち主語ともう一つの語の位置がひっくり返っています。二
つ目の違いはそれぞれの登場人物にくっついている助詞です。三つ目の違いは、
動詞の形です。受動文では、能動文での動詞に（ラ）レルという接辞がくっつい
ています。皆さんが英語の受動文を学ぶときにも、能動文と受動文は同じ状況
を表すので、機械的に言い換えたかもしれません。

ところが、この二つの文は、いつでも置き換え可能というわけではありませ
ん。そこで、課題1では、特定の文脈を想定して、その文脈では能動文と受
動文のうち、どちらか一方が選ばれやすくなるのかを見てみましょう。

課題 1

あなたは公園にいます。今、あなたの目の前で、小学生のミホちゃんとユ
ウくんがけんかを始めました。

この絵の状況をあなたしか見ていませんでしたが、次第に周囲に人が集まっ
てきました。あとから集まってきた人にミホちゃんとユウくんの様子を報告す
るとき、つぎの二つの異なる状況では、能動文、受動文のどちらの文で表現し
ますか。①、②で選んだ表現を周りの人やグループで比べてみましょう。

① あなたは、ミホちゃんともユウくんとも初対面です。けんかの後、その
うちの一人（ユウくん）が大声で泣きだしました。
② ミホちゃんはあなたのいとこで、ユウくんは公園で初めて会いました。

日本語は、自分を中心に述べるのが自然なので、主語が自分になるように表
現することが多いです。自分以外でも、自分に関係が近い（親しい）人ほど主語
になります。出来事の登場人物の両方が、自分にとって同じくらい近い場合に
は、より関心がある方を主語にします。①では、いずれも同じくらいの親しさ

なので、大きい声を出して泣いているユウくんに特に関心がいって、ユウくんが主語の受動文「ユウくんがミホちゃんに叩かれた。」が選ばれやすくなります。②では、自分に近い関係であるいとこのミホちゃんを主語にする能動文「ミホちゃんがユウくんを叩いた。」が選ばれやすくなります。

　主語をどうするかで、文のなかでスポットライトのあたっているところが決まります。それが、どちらの立場で表現するかということです。その文に出てくる舞台上の人あるいはもののうち、注目するものにあてるスポットライトのことを**視点**と呼びます。視点に関わる表現を**ヴォイス**（または**態**）と呼びます。

　動詞文を使って表される出来事を舞台とするならば、ヴォイスとは、その舞台の上で、登場人物のうち、どの人、どのものを中心にして語るのかを決める文法カテゴリーです。言語表現のなかで用いるヴォイスの選択には、言語によって異なる好み（志向）があると言われます。その言語で好まれる表現が用いられない場合、文法的には正しくても、不自然に感じられます。

2. 自動詞・他動詞

　ある出来事について複数の言い方ができる表現の二つ目として、**自動詞**表現、**他動詞**表現を見てみましょう。対のある自動詞表現、他動詞表現の使い分けも視点で説明できます。

> ### 課題2
>
> つぎの状況であなただったら、a.、b. のどちらを使うか考えてみましょう。
>
> > あなたは、お弁当屋さんでアルバイトをしています。その店は、ランチタイムに弁当を購入したお客さんにスープを無料で提供します。新規来店のお客さんに、あなたはそのサービスについて説明します。
>
> > ただいま、ランチタイムですので、お弁当に　a. スープがつきます。
> > 　　　　　　　　　　　　　　　　　　　　　b. スープをつけます。

　対のある自動詞、他動詞を用いた文は、同じ出来事を表すときに、文脈に

よって使い分けられる表現です。上の状況では、「b. スープをつけます。」（他動詞文）ではなく、「a. スープがつきます。」（自動詞文）を選んだ人が多かったのではないでしょうか。b. も文法的には間違っていないのですが、視点（スポットライト）が、この文脈には合っていません。b. のように、文法的に正しいけれども、文脈に合わない文には、これ以後は文頭に「?」をつけて表します。

　それでは、どうして「つける」（他動詞）ではなく、「つく」（自動詞）が選ばれるのでしょうか。対のある自動詞、他動詞の使い分けについてよく観察するために、もう一つの場面で、「焼く」、「焼ける」という動詞を例として用いながら詳しく見てみましょう。つぎは料理番組の一場面です。

（1）　先生：フライパンで鶏肉を焼きます。
　　　アシスタント：わあ、いい色に焼けましたね。

　この二つの文の動詞、他動詞「（〜が〜を）焼く」と自動詞「（〜が）焼ける」に注目します。「焼く（yaku）」と「焼ける（yakeru）」は、動詞の形態がよく似ていますが、課題2の例文a.、b. の「つく」（自動詞）、「つける」（他動詞）と同様に、自動詞と他動詞という別の動詞です。二つの動詞は一緒に用いる助詞が違います。また、よく観察してみると、動詞の意味も違っているのですが、「焼ける」、「焼く」ではどちらも、何かが高温で加熱されるという意味を共有しているため、それ以上に、二つの動詞でどのように意味が違うのかということは、少し説明しづらいかもしれません。そこで、この二つの動詞の意味の違いを詳しく考えてみるために、上の二つの文を使って、動詞をお互いに入れ替えてみましょう。

（2）　先生：?フライパンで鶏肉が焼けます。
　　　アシスタント：?わあ、いい色に焼きましたね。

　言い換えた文では、不自然になることがわかります。まず上の文では、先生は、鶏肉の変化をただ観察しているだけのように聞こえますし、下の文では、アシスタントは、ずいぶん先生をほめているニュアンスになりますね。

　このような意味の違いをもっと分析しやすくするために、(1)のもとの表現
に戻って、省略されていた主語を補った文に書き換えてみます。

(3)　先生：<u>私が</u>　フライパンで　鶏肉を　焼きます。
　　　アシスタント：<u>鶏肉が</u>　いい色に　焼けました。

　この二つの文の主語は、上の文は「私」、下の文は「鶏肉」です。
　つぎに、この二つの文を比較しやすいように、基本的な文の構造（骨組み）に
してみましょう。

```
他動詞文：A［働きかけ手］が　B［受け手］を　　動詞（他動詞）
　　　　　私が　　　　　　　鶏肉を　　　　　　焼きます。
自動詞文：　　　　　　　　　B［受け手］が　　動詞（自動詞）
　　　　　　　　　　　　　　鶏肉が　　　　　　焼けます。
```

　上の文では助詞「を」にくっついていた鶏肉が、下の文では、助詞「が」に
くっついています。この調理中の出来事では、「私」は「高温で加熱する」と
いう働きかけをする「働きかけ手」、「鶏肉」は「高温で加熱する」という働き
かけを受ける「受け手」です。鶏肉は「受け手」ですが、自動詞文では主語と
なります。助詞「が」と対象を表す助詞「を」を伴う動詞が他動詞、助詞
「が」のみを伴う動詞が自動詞です。
　上記の構造（骨組み）をよく見ると、自動詞文は他動詞文に比べて登場する人、
ものが一つ減っていることがわかります。他動詞で、働きかけ手（私）と受け手
（鶏肉）の両方にあたっていたスポットライトが、自動詞では、受け手（鶏肉）だ
けにぐっと寄り、もはや働きかけ手（私）は舞台にいるのかどうかもわからない
というイメージです。ですから、料理番組の例に戻ると、実際に鶏肉に対して
調理をする先生が「鶏肉が焼けます」というと、何もせずに観察しているよう
なニュアンスになります。また、アシスタントが「先生が鶏肉を焼きました」
と他動詞文でいうと、鶏肉だけではなく、先生にもスポットライトがあたりま
す。鶏肉の料理の手順を説明するときにあえて先生を主役にして言語化してい

ることになり、先生の行為に言及して、先生自体に注目している印象になります。

　さて、自動詞文は他動詞文に比べて登場人物が一つ減るということがわかりました。視点で説明すると、自動詞文は、他動詞文で表される行為によって影響を被った（受けた）もの、すなわち「受け手」を出来事の中心として（＝スポットライトをあてて）表したいときに用いられる表現です。一方、他動詞文は、自動詞文で表される出来事に働きかけて影響を与えたもの、すなわち「働きかけ手」を出来事の中心として表したいときに用いられる表現です。

　課題2の例文に戻って、aの自動詞文が選ばれる理由を考えてみましょう。b「？（当店は）お弁当にスープをつけます。」というように、他動詞文を用いると、受け手である「スープ」だけではなく、働きかけ手である「当店」にもスポットライトがあたります。スープについて伝えようとしている話者が、あえて、働きかけ手である「当店」を主役にしていることになります。その結果、当店がおこなう、スープをつけるという行為について、私は注目し、言及しているというニュアンスを伝えることになります。その結果、他動詞文では「当店（働きかけ手）の判断で、お弁当にスープをつける」という意味になり、少し恩着せがましい印象になります。ですから、働きかけ手の「当店」にはスポットライトをあてない、自動詞表現の「お弁当にスープがつきます。」が選ばれやすいのです。

　さて一般的に、日本語の特徴として、英語に比べると自動詞表現が好まれると言われています（池上1981、吉川1995など）。つぎの日本語の自動詞表現は、英語の翻訳では他動詞表現になっています。

（4）　出発の日が決まった。

　　　We have decided the date of our departure.

　　　魚が釣れた。

　　　I've got a fish.

（吉川 1995：193）

日本語教育の現場でも日本語学習者の母語と日本語とで好まれる表現が自動

詞表現なのか他動詞表現なのかが違うことで、日本語の文から伝わるニュアンスに誤解を生むこともあります。例えば、「このスパゲッティにはイカが入っている。」（自動詞文）と言われて、日本語学習者がイカがスパゲッティに飛び込む様子をイメージするというのは、そのような誤解の一例です。

　自動詞文、他動詞文のどちらも文法的には間違いではないのに、どちらを使用するかでニュアンスに違いが生じることも、日本語学習者にとって、対のある自動詞、他動詞の習得が難しい理由の一つです。

3. 授受（やりもらい）

　ある出来事について複数の言い方ができる表現の三つ目として**授受（やりもらい）**表現を見ます。授受（やりもらい）表現は、恩恵のやりとりを表すために用います。「くれる」「もらう」「あげる（やる）」「くださる」「いただく」「さしあげる」という授受動詞を用いて、ものや行為のやりとりを表します。例えばつぎの例です。

（5）　本動詞の用法（モノのやりとり）
　　　リンダさんはキムさんにプレゼントをあげました。
　　　キムさんはリンダさんにプレゼントをもらいました。

（6）　補助動詞の用法（コトのやりとり）
　　　スミさんは水野さんに教科書を見せてあげました。
　　　水野さんはスミさんに教科書を見せてもらいました。

　(5)の例のように、これらの動詞「あげる」「もらう」を本動詞（普通の単独の動詞）として用い、もののやりとりを表す用法（モノのやりとり）と、(6)のように、「てくれる」、「てもらう」、「てあげる」のように補助動詞（動詞にくっついて補助的な意味を添える動詞）として、行為（恩恵）のやりとりを表す用法（コトのやりとり）があります。

　授受表現もここまでに見た受動表現、自動詞表現、他動詞表現のように、視

点で説明できます。

(7) a. リンダさんはキムさんにプレゼントをあげました。
　　 b. キムさんはリンダさんにプレゼントをもらいました。

リンダさん　　　　　　　　　　　　　キムさん

(7)a. では、ものを差し出す動作の働きかけ手であり、起点であるリンダさんが主語になっています。(7)b. では、同じ出来事を表しますが、恩恵の受け手であり、着点であるキムさんが主語になっています。第1節の受動文と同じように、(7)a. と b. では舞台上のスポットライトが切り替わる仕組みが働いていることがわかります。第1節では、日本語は、自分を中心に述べるのが自然なので、主語が自分や自分に関係が近い（親しい）人になるように表現することが自然であることを説明しました。授受表現でもこれは同じです。自分との関係性がわかりやすいように、主語を自分に近い存在である家族のなかから選んで、「私の妹」を例として用いてみましょう。以下は、いずれも自然な表現であることがわかります。

(8) a. 私の妹はキムさんにプレゼントをあげました。
　　 b. 私の妹はリンダさんにプレゼントをもらいました。

つぎは、逆に、同じ状況を表す文で、「私の妹」ではない登場人物を主語にして表現してみましょう。

(9) a. ? キムさんは私の妹にプレゼントをもらいました。
　　 b. ? リンダさんは私の妹にプレゼントをあげました。

　自分に親しい人ではない人を主語にした場合、（8）に比べると不自然な表現になることがわかります。

　なお、授受動詞のうち、「くれる」（尊敬表現「くださる」）は、自分または自分に親しい人が恩恵の受け手であるという制約があります。「くれる」（尊敬表現「くださる」）の恩恵の矢印は、つねに自分または自分に近い（親しい）人に向かいます。ですから、（10）のように、自分または自分に親しい人は恩恵の受け手として表現します。これを（11）のように、自分または自分に近い（親しい）人が恩恵の与え手である場合、「くれる」（尊敬表現「くださる」）を使って表現することができません（*は誤用を含む文を表す）。

（10）　リンダさんは私の妹にプレゼントをくれました。

（11）　＊私の妹はキムさんにプレゼントをくれました。
　　　　→私の妹はキムさんにプレゼントをあげました。

　つぎに、「〜てくれる」の有無で生じるニュアンスについて、考えてみましょう。

課題3

あなたは帰国間近の留学生からつぎのように声をかけられました。

　○○さん（あなたの名前）は私に日本語をよく教えました。
　ありがとうございました。

　このように言われると、感謝されてうれしい気持ちですが、どこか機械的で、不十分な印象です。もしあなたが留学生だったら、どのように表現しますか。考えてみましょう。

　最低限の修正を加えるならば、「○○さんは私に日本語を教えてくれました。ありがとうございました。」となります。もし、より自然な表現にするならば、「日本語を教えてくれてありがとうございました。」のように表現できるでしょう。

「〜てくれる」は授受表現の一つです。「○○さんは私に日本語を教えました。」という文は、働きかけ手も受け手も表されていて、文法的には正しい文です。しかし、動詞「教える」の後に「てくれる」をつけないとどこか機械的な印象です。日本語では、「あなたが私に日本語を教えました。そしてそれで私は影響（恩恵）を受けました。」というように、自分への何らかの影響が与えられた、少なくともそれはマイナスのことではなかったことを言い表す場合、授受表現を用いなければ不自然になります。

つぎの日本語学習者の作文を見てみましょう。

（12）昨日、私は病気でした。夕方、友だちが私のアパートに来ました。

「友だちが私のアパートに来ました。」という文で終わっていると話の続きが気になり、「友だちがアパートに来て、それでどうだったの？」と、先の展開を催促したくなるかもしれません。この学習者は、友達に来てほしくなかったのか、それとも友達が来たことがうれしかったのか、この文からはわかりません。例えば、「来てくれました。」という表現であれば、うれしかったことが伝わります。「来てしまいました。」といえば、うれしくないことが伝わります。このように、例文（12）の状況でうれしかったときには、「友だちが私のアパートに来てくれました。」というように、動詞に「〜てくれる」をつけて表す必要があります。

日本語教育において授受表現は日本語学習者が、習ってもすぐには使えるようにならない、習得が難しい文法項目です。ですから恩恵を言い表すことが期待される場面で、日本語学習者が授受表現を使わないからと言って、その学習者は感謝をしていないというような誤解をしないようにしたほうが良いでしょう。

4. まとめ

本章では、文法としては間違っていないのに、文脈上、不自然な印象を与える表現として、ヴォイスとそれに関わる視点という概念を取り上げました。つ

ぎに、言語によって一般的に好まれるヴォイスが異なることを英語と日本語の自動詞表現、他動詞表現の例で説明しました。ヴォイスは、その言語が舞台上のスポットライトの切り替えによって世界をどのように切り取るのかを表す、それぞれの言語が世界をどう見ているのかに関わる文法概念です。

もっと知りたい人へ

○ 『日本語教師がはまりやすい日本語教科書の落とし穴』新屋映子・姫野伴子・守屋三千代（1999／アルク）

○ 『現代日本語文法2　第3部格と構文　第4部ヴォイス』日本語記述文法研究会（編）（2009／くろしお出版）

○ 『初級を教える人のための日本語文法ハンドブック』庵功雄・中西久実子・山田敏弘・高梨信乃（著）松岡弘（監）（2000／スリーエーネットワーク）

「ゴール！」の自動詞文

　サッカーの実況中継でゴール時に叫ばれるのは、「入った！ゴール！」でしょう。視聴者はゴールが決まるかどうか固唾を飲んで見守っています。それが成就した瞬間には、「入った」という自動詞がよく用いられます。もし、同じ場面で、可能表現「入れられた！」（他動詞の可能形）と叫ばれると、何とも間延びした印象になります。

　こんなとき、中国語母語の日本語学習者は「入った！」という自動詞文ではなく、「入れられた！」という可能を表す他動詞文で表現したいようです。しかし、日本語では、ものごとが達成できるかどうかに注目が集まり、それが無事成就した瞬間に発言する場合は、自動詞文が選ばれます。例えば、つぎの場面では、自動詞文で表現するのが自然です。

　　［選手がバーベルの記録更新に挑戦していて、今回達成できるかどうか］
　　　上がった！
　　［バスケットボール選手が難易度の高いシュートに挑戦した］
　　　スリーポイント、決まったー！

　スポーツ番組のほかにも、「鳥人間コンテスト」（読売テレビ）、「ウルトラマンDASH」（日本テレビ）など、出演者が何かの記録にチャレンジし、それを実況中継する番組では、自動詞文がよく使われます。動詞の使われ方に注目して、番組を見るのもおもしろいかもしれませんね。

張麒声（2001）『日本語教育のための誤用分析―中国語話者の母語干渉20例』
スリーエーネットワーク

第12章 文法(5)—文末表現・単文から複文へ

> ## この章のポイント！
>
> 日本語学習者が話したり書いたりする日本語は、初級後半から中級になるにつれて、文末表現が豊かになり、だんだんと長く、複雑になっていきます。この章では、まず、話し手の態度を表すモダリティについて学び、類義表現の使い分けについて考えます。そして、複文を構成する上で欠かせない接続助詞を中心に観察します。これらの表現を日本語学習者の視点から見直しながら、その特徴を把握し、学習者がうまく使えるようになるためにはどのような情報が必要かについて考えてみましょう。
>
> ☑ **キーワード**
> モダリティ、単文、複文、主節、従属節、接続助詞

1. 日本語の "微妙な" ニュアンスの違いについて

つぎの例を見てみましょう。三つの例が伝える内容はどのように違うでしょうか。

(1) まさひろはえりかのことが好き<u>にちがいない</u>。

(2) まさひろはえりかのことが好きな<u>はずだ</u>。

(3) まさひろはえりかのことが好き<u>かもしれない</u>。

三つの例は同じ内容を述べていますが、若干の違いがあります。「ちがいない」は確信度が非常に高いことを、「はずだ」は確信度が高いだけでなく、それが何か客観的な根拠に基づいていることを、「かもしれない」はあくまで可能性があるというニュアンスを含みます。これら下線部のような表現は「好きだ」という事態を話し手がどのようにとらえているかを表しています。このような、話し手の態度を表す文法カテゴリーのことを**モダリティ**と呼びます。日本語はモダリティの種類が豊富な言語だと言われています。

文末のモダリティには大きく分けて、**対事的モダリティ**（判断のモダリティ）と**対人的モダリティ**（伝達のモダリティ）の二つがあります（→第10章参照）。対事的モダリティは話し手が出来事をどのようにとらえているかを表すもので、例えばつぎの表現があります。

(4)　田中さんは ｜来るだろう／来るはずだ／来るらしい／来るべきだ／来なくてもいい｜。

　一方、対人的モダリティは聞き手に対する話し手の態度を表すもので、例えばつぎの終助詞があります。

(5)　田中さんは来る ｜ね／よね／かしら／さ／かな｜。

課題1

　筆者と後輩（インドネシア出身）とのメッセージのやりとりです。このやりとりを読んだ上で、①、②について周りの人やグループで話し合ってみましょう。

①どのような文末のモダリティ表現が使われているでしょうか。

②皆さんが友人や家族とやりとりしたLINEやSNSメッセージ、メールなどにはどのような文末のモダリティ表現が使われているでしょうか。モダリティ表現が使用されていた場合は、対事的モダリティと対人的モダリティに分けてみましょう。また、相手との親しさや関係性によって、どのような使い分けをしているか確認してみましょう。

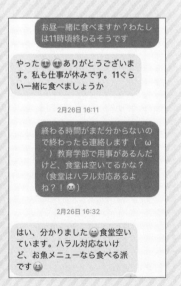

> お昼一緒に食べますか？わたしは11時頃終わるそうです
>
> やった😍😍ありがとうございます。私も仕事が休みです。11ぐらい一緒に食べましょうか
>
> 2月26日 16:11
>
> 終わる時間がまだ分からないので終わったら連絡します(´･ω･`) 教育学部で用事があるんだけど、食堂は空いてるかな？（食堂はハラル対応あるよね？！😋）
>
> 2月26日 16:32
>
> はい、分かりました😄食堂空いています。ハラル対応ないけど、お魚メニューなら食べる派です😄

どのような表現が見つかりましたか。筆者は家族間でのカジュアルなやりと

りや、目上の人とのかしこまったやりとりの場では対人的モダリティの表現を
それほど使用していませんでした。一方、友人とのやりとりでは「やで／やね
ん／やんな／やなぁ」といった対人的モダリティ(方言によるバリエーション
も含む)を頻繁に使用していました。皆さんのなかに、留学生と日本語でやり
とりをしている人がいたら、留学生とのやりとりはどのパターンになっている
のか、人によって違うのかなど、分析してみるのも興味深いでしょう。

2. 「みたいだ」と「かもしれない」

　日本語のモダリティ表現には「みたいだ」(書きことばの場合「ようだ」)と
「かもしれない」というよく似た意味を表すものがあります。実際にこれらは
(6)のように、同じ文のなかで置き換えて使える場合があります。

(6)　車のエンジンについては、まさるさんが詳しい ｛みたいだ／かもしれない｝。

　「まさるさんが詳しいみたいだ」と「まさるさんが詳しいかもしれない」は
どちらも話し手の認識を表すモダリティですが、少し意味が違います。この二
つの表現の違いについて、課題2でもう少し詳しく考えてみましょう。

課題2

　つぎの①②の例を見て、「みたいだ」と「かもしれない」のどちらが自然
かを選んでみてください。また、その理由についても考えて、周りの人やグ
ループで話し合ってみましょう。

①(遊びに行くあてがないので、共通の友人の家に行ってみようかと提案され)
　最近残業で遅いって言ってたからなぁ。たぶん行ってもいない ｛みたい
　だね／かもしれないね｝。

②(遊びに行くあてがないので、共通の友人の家を訪ねたところ)
　電気が消えているし、音もしないね。どうもいない ｛みたいだね／かも
　しれないね｝。

いかがでしょうか。「かもしれない」は、その出来事が生じる可能性がある
と話し手が認識している場合に使う表現です。それに対し「みたいだ」は、話
し手自身が実際に観察して得た情報を基に推測して話すときに使います。

これらをふまえると、①話し手が「（友人が）最近残業で遅い」ことから、
友人が家にいない可能性を認識している文脈ですので「かもしれない」を選ん
だ人が多かったのではないかと思います。一方、②では「電気が消えている」、
「音もしない」という話し手が観察して得た情報を基に推測している文脈です
ので、「みたい」を選んだ人が多かったのではないでしょうか。

このようなモダリティ表現は、意味が非常に類似している一方で、談話の文
脈によって使い分ける必要があるため、日本語学習者にとって使用が難しいと
言えます。また、その学習者の母語にある類義表現の影響や、モダリティの前
につく動詞や形容詞の接続についても考慮しなければならず、使いこなせるよ
うになるまでには時間がかかる表現の一つです。

3. 単文から複文へ

日本語学習者は、初中級レベルになると、複数の文を**接続助詞**（→第9章参
照）でつなぎ、複雑な文を産出するようになります。ここでは、その過程を説
明します。

まず、述語を一つ持つ文のことを**単文**と言います。(7)では「降った」が述
語となります。

(7)　昨日雨が降った。

単文に対して、一つの文に二つ以上の述語がある文のことを**複文**といいます。
そして、一つの述語を含むまとまりを**節**と呼びます。さらに、文末の述語を含
む節のことを**主節**といい、それ以外の節を**従属節**と呼びます（→第10章参照）。
(8)では、「大学を卒業したら」が従属節、「日本語教師になりたい」が主節に
なります。

(8)　　大学を卒業したら　　　日本語教師になりたい。
　　　　　　従属節　　　　　　　　　　主節

　学習者が複文を産出するようになると、「今日は用事があります。早く帰ります。」と話していた学習者が、(9)のように話すようになります。

(9)　　今日は用事があるので、早く帰ります。

　複文を作る接続助詞の種類は非常に多様です。そのなかで、学習者に多く見られる誤りを課題3で見てみましょう。

課題3

　つぎの例は、日本語学習者が書いた作文です。あなたはこの学習者から「作文の日本語が正しいかどうかチェックしてください」と頼まれました。二つの作文にどのようにコメントしますか。考えてみましょう。

〈作文例1〉
　わたしは　きのう　じゅぎょうにちこくしたから　でんしゃで　じんしんじこがありました。

（イギリス人学習者・初級）

〈作文例2〉
　きのう、わたしはひまでした。だから友だちに電話して、あそぼうと言って、友だちがいいよといって、友だちと会って、いっしょにカフェでカフェラテをのみながらおしゃべりして、友だちがかれしのプレゼントをかいたいといって、ショッピングしました。

（中国人学習者・初級）

　上の二つの作文には、語彙や表記の間違いはないものの、どこか違和感を覚えた人も多いのではないでしょうか。
　まず〈作文例1〉を見てみましょう。これは、「電車で人身事故があったから遅刻した」と言いたいところを、英語の because 〜 と同じ語順で話してしまったために、不自然に聞こえる例です。このように日本語学習者の母語の複

文構造をそのまま日本語に応用した間違いがときどき見られます。ただ日本語を訂正するだけでなく、どうしてそのような間違いをしたのか、学習者の立場に立って考えたり、尋ねたりすることで、同じ間違いを防ぐためのアドバイスができることもあります。

〈作文例2〉は、「電話して」「言って」など、「て形」と呼ばれる接続助詞を使って節をつないでいますが、「て形」を使いすぎて冗長に聞こえる例です。「て形」は、他の接続助詞と比べて使える範囲が広いことから、学習者は時に過剰に使用してしまうことがあります。しかし、日本語母語話者(成人)の作文の場合、「て形」は一文に多くても三つほどしか使われません。ですから、〈作文例2〉に対しては、一文を短く区切って「そして」「それから」などの接続詞に置き換えたり、「ので」「と」などの接続表現に置き換えたりすることで、表現を豊かに、読みやすい文章にするようコメントするといいでしょう。英語学習の過程で"and"を使い過ぎないように注意することと似ています。

4. 日本語学習者は複文の何が難しいのか

課題3で考えた「から」や「て」(て形)の問題は、教師が指導すれば比較的早く修正される誤りです。しかし、単文から複文を産出していく過程では、学習者がまだまだ乗り越えなければならない問題があります。つぎの例を見てみましょう(*は誤用を含む文を表す)。

(10) のりこは JAZZ を聴き<u>ながら</u>ヨガをした。
(11)*のりこは、ひろやが JAZZ を聴き<u>ながら</u>ヨガをした。
(12)*ひろやが JAZZ を聴き<u>ながら</u>のりこがヨガをした。

ここで使用した接続助詞「ながら」は、主節と従属節の主語が同じ場合にしか使用できないという制約があります。つまり、(11)、(12)は非文法的な文と言えます。

続いて、つぎの文を比較してみましょう。

(13)　私はいつもラジオを聞き<u>ながら</u>勉強している。

(14)　私はいつも勉強し<u>ながら</u>ラジオを聞いている。

　例えば(13)では、「勉強している」という動作と並行して「ラジオを聞く」という別の動作もおこなっていることを表します。主節に来る動詞が主な動作を表すため、「勉強している」が主節にある場合は、勉強することが主な動作です。一方、(14)のように「ラジオを聞いている」が主節にある場合は、勉強をするよりラジオを聞くことが主な動作と言えます。

5. まとめ

　本章では、文末表現のモダリティや文と文をつなぐ接続助詞について見てきました。モダリティや接続助詞はいずれも話し手の態度を表したり、聞き手に言いたいことを上手く伝えたりするのに必須の表現です。しかし、日本語学習者がこれらの表現を適切に運用するためには、形式と意味に加え、類義表現との使い分け、そして「誰が」「いつ」「どのような意図で」使うものであり、その表現を使うことで「何ができるのか」ということを把握する必要があります。こうした考え方は第8章で述べた「日本語教育文法」に通じるものであり、日本語教育に携わる者は、常にこの視点を持っておく必要があると言えます。

もっと知りたい人へ

○ 『日本語類義表現と使い方のポイント―表現意図から考える』市川保子（2018／スリーエーネットワーク）

○ 『やさしい日本語のしくみ　改訂版―日本語学の基本』庵功雄・日高水穂・前田直子・山田敏弘・大和シゲミ（2020／くろしお出版）

○ 『現代日本語文法6　第11部 複文』日本語記述文法研究会（編）（2008／くろしお出版）

日本語 "だから" 難しい！

　今でも忘れられない日本語の授業があります。当時、大学生だった私は、ボランティアで日本語を教えていました。その日のテーマは「〜し〜し」で、教案から教材まで準備万端のつもりで臨んだ授業でした。そんななか、授業の途中でフィリピン出身の女性からこんな質問が出ました。

　「先生、あの店は、安いし美味しいしお店の人も優しい。あの店は、安くて美味しくてお店の人も優しい。どう違いますか。どちらも正しい文でしょう？」

　私は 10 名ほどの学習者の前で固まってしまいました。確かに「〜くて〜くて」でも正しい。でも「〜し〜し」を使う場合もある。なぜだろう？　どう違うのだろう？　私は答えることができませんでした。

　母語話者である私たちは、この二つの異なる表現を直感的に使い分けています。しかし、まだ日本に来て間もない日本語学習者には、日本語に対する直感のようなものがありません。新しい表現を知っても、類義表現との違いや、いつ誰にどんな状況で、どのような意図で使える表現なのかまで理解できないと「使える」ものにはならないのです。つまり、日本語教師は自分たちが日頃、感覚的に使いこなしている表現を、説明しなければならないわけです。

　この授業で大きな失敗をしてしまった私は、授業をするとき、学習者の立場に立って考えることができていなかったと反省しました。

　「日本語 "だから" 難しい！」だけど、「難しいから楽しい！」。日本語教師はそんな職業だと思っています。

第**13**章 文章・談話

この章のポイント！

皆さんは談話と聞いて何を思い浮かべるでしょうか。スピーチや会話、メールなど、文より大きな単位で構成されたものを談話と呼びますが、学習者が談話を構築するためにはどのような言語的要素を使いこなせるようになる必要があるのでしょうか。この章では、さまざまな談話の種類や、談話を構成する言語的要素として接続表現、指示表現、省略を取り上げるほか、日本語の特徴の一つだと言われる文体について、考えていきます。

☑ **キーワード**
文章・談話、結束性、省略、指示表現、接続表現、文体

1. 談話のさまざまな種類

　私たちは日常において、コミュニケーションを目的として、まとまりのある文を産出します。このように文より大きい単位で、あるまとまりをもって展開した文の集合のことを**文章・談話**と呼びます。より細かく分ける場合には、書きことばを文章、話しことばを談話として呼び分けることもありますが、本書では、両者を含む文の集合のことをひとまとめに談話と呼ぶことにします。

　談話にはさまざまな種類があります。例えば、大学での講義や遠距離恋愛中の恋人とのビデオ通話、日記や小説なども談話の一種です。聞き手が想定されない独り言であっても、まとまりある文の集合であれば談話と呼ばれます。

 **課題1**

① つぎの a. ～ d. は、談話をある基準によって分けたものです。どんな基準で分けられたか、周りの人やグループで話し合ってみましょう。

a.
報道文（新聞）
お知らせ（掲示物）
小説（文芸作品）

c.
書簡文
SNS
メール・LINE

b.
講演・講義
落語（演芸）
You Tube

d.
友人との雑談
銀行窓口での会話
恋人とのテレビ通話

② 以下の媒体は、a. ～ d. のどこに入るでしょうか。周りの人やグループで話し合ってみましょう。
Instagram、インスタライブ、Twitter、TED、ブログ、卒業論文

　いかがでしたか。談話は、まず、話しことばと書きことばに分けられます。課題1の a. と c. は書きことば、b. と d. は話しことばの特徴を主に有するものであるということに気づいた人も多かったのではないでしょうか。なお、社会における多様なコミュニケーション手段として、手話や点字による情報発信に取り組む自治体やメディアも増えてきました。手話は話しことば、点字は書きことばに近い特徴をもつと言えるでしょう。

　つぎに、談話の参加者という観点から考えてみましょう。a. や b. には、読み手や聞き手は存在しますが、基本的には書き手や話し手だけで談話を構築するのが一般的です。このような談話を**モノローグ**と呼びます。それに対して、c. や d. は読み手や聞き手からコメントや返信が来たり、相互に会話を構築したりするものです。このような談話を**対話**と言います。さらに、読み手や聞き手が存在しない前提で談話がおこなわれる場合を**独話**と呼び、独り言や日記がこれに含まれます。

　以上をまとめるとつぎの表のようになります。

表1　談話の種類　（日本語記述文法研究会（編）（2009：8）一部改）

	談話の参加者	話しことば、手話	書きことば、点字
対話	聞き手・読み手が次の話し手・書き手になる可能性がある	日常会話 雑談 通話	書簡文 SNS メール・LINE
モノローグ	聞き手・読み手が次の話し手・書き手になる可能性がない	講演・講義 落語（演芸）	報道文（新聞） お知らせ（掲示物） 小説（文芸作品）
独話	話し手・書き手以外の聞き手・読み手が想定されていない	独り言	メモ 日記

2. 結束性のある談話とは

　談話にはさまざまな種類があることを紹介しました。皆さんが英語や第二言語を使って挑戦してみたい活動はあったでしょうか。

　ところで大学のレポートや論文などで、まとまりある談話を構築する機会が多いですが、日本語でまとまりのある談話を構築するためには、どのような表現が必要になるのでしょうか。また留学生のレポートや論文作成を支援する際には、どんなアドバイスをすればいいのでしょうか。

　ここで初級の日本語学習者の談話を見てみましょう。

課題2

　つぎの例は、パレスチナ出身のオムニヤさんが、日本語学習を開始した直後の談話と半年後の談話の比較です。二つの談話を見て、どのような変化が見られるか考えて周りの人やグループで話し合ってみましょう。

日本語学習を開始した直後の談話
　わたしはオムニヤです。わたしはパレスチナからきました。わたしはH大学の学生です。わたしは26さいです。わたしは抹茶が大好きです。

日本語学習を開始して半年後の談話
　わたしはオムニヤです。（わたしは）パレスチナ出身の26歳です。（わたしは）H大学の学生です。日本人の夫と結婚した<u>ので</u>、日本に来ました。好きな食べ物は抹茶です。抹茶アイスや抹茶の団子、抹茶ケーキなど、抹茶のお菓子が大好きです。<u>だから</u>、今度、抹茶を食べるために、京都に行きたいです。
（下線や（　）内は本章筆者による）

　いかがでしたか。後者の文章の方が長くて情報も多いですが、接続表現を用いることで、まとまりある談話を構築できています。それだけでなく二文目以降、「わたしは」という主題を省略したことで、聞き手にとって情報の重複がなく、わかりやすい文章になっています。このようにいくつかの文が全体としてまとまって一つの談話を作っているとき、この談話は**結束性**があると言います。談話に結束性を持たせることは、複数の情報を関連づけたり、重要な情報を拾ったりすることにつながるため、聞き手や読み手の理解を助けます。日本語でコミュニケーションをとるときには、文法的な正しさだけではなく、聞き手にとってわかりやすいかどうか、ということを意識することも、とても重要です。

　このように、談話に結束性を持たせる要素には、文脈から推測可能な情報の**省略**、**指示表現**の使用、**接続詞**や**接続助詞**といった**接続表現**の使用などがあります。

　以下の例を見てみると、（1）と（2）はどちらも二文からなり、二つ目の文は主語の「ひろゆき」が省略されています。省略された主語は、文脈から補うことができますが、（1）は（2）と比較して情報がブツブツと切れているようなつながりの悪さを感じます（？は不自然な文を表す）。

（1）？ひろゆきは明日のために日本酒を買った。飲んでしまった。
（2）　ひろゆきは明日のために日本酒を買った。<u>それ</u>を飲んでしまった。

　それに対し、（2）は「それ」という指示表現が、後文の出来事と前文に登場した日本酒とを結びつけており、（1）より結束性が高い談話であると言えます。

つぎに(3)と比較してみましょう。

(3) ひろゆきは明日のために日本酒を買った。<u>しかし</u>、それを飲んでしまった。

ここでは「しかし」という接続表現が、前文と後文がどのような関係にあるかを明示的に示していることで、談話全体にまとまりを与えていると言えるでしょう。このように、指示表現や接続表現などの結束性を保つ表現は、談話にまとまりを与え、聞き手や読み手が情報を理解しやすくするという重要な役割を持っているのです。

3. 文体とは

私たちは、誰に向かって、どんな場面で、何のためにことばを産出するのかによって、ことばを巧みに使い分けています。例えばつぎのメッセージは、LINE や Messenger のようなメッセージツールを利用して筆者が知人に送信した文章です。比べてみると、それぞれの相手との関係性によって異なる文章スタイルを選択しています。

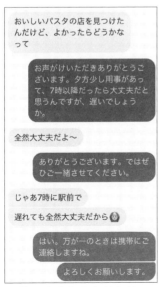

① A さんとのやりとり

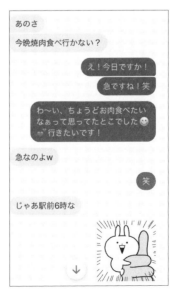

② B さんとのやりとり

①はややかしこまった表現であるのに対し、②は記号や絵文字、スタンプ、感嘆表現などくだけた表現を多く使用していることがわかります。このように談話にはある一定のスタイルがあり、これを**文体**と呼びます。ただし、①②のやりとりを見ると、対話している話者同士の文体は必ずしも一致していないことがわかります。また、②を見ると「です・ます」体を使っているからと言って必ずしも丁寧でフォーマルな文体になるとは限らないことがわかります。

文体はさまざまな要因によって決まります。例えば、フォーマルかインフォーマルかという場面による違い、話しことばか書きことばかという媒体による違い、その談話が物語文なのか、意見文なのか、報道文なのか、などというジャンルによる違いがあります。また、話し手がどんなキャラクターなのかという属性による違いもあります（→詳しくは第14章、第15章参照）。

課題3

① 私たちは日頃、「文章／文体が硬い」ということばを使うことがあります。どのような特徴を持つ文章／文体を硬いと呼んでいるのでしょうか。話し合ってみましょう。

② 賃貸住宅の契約書、家族へのメモ書き、ライトノベル、卒業論文の文体はどの程度硬い文体だと言えるでしょうか。つぎの図のどのあたりに位置するのか話し合ってみましょう。

やわらかい文体　　　　　　　　　　　　　硬い文体

③ つぎの文章を、大学のレポートや論文を書くのにふさわしい文体に書き直してみましょう。

a.政府はいろんな政策を挙げているけど、どれも国民への負担が増すって感じてる人が多いんじゃないでしょうか。
b.運転者は飲酒運転の危険性をそんなに意識しないで、ちょっとなら大丈夫だって思っちゃうみたいだ。

（小森・三井（2016：6）より抜粋）

いかがでしたか。課題3の①について文体が硬い印象を与える談話には、専門用語や漢字熟語が多く含まれていたり、古い言い回しや書きことばでしか使用しない表現が多く含まれていたりするなどの特徴があります。法律の文書や学術論文などを想像するとわかりやすいでしょう。なお、刑法が1995年に平易化され、一般市民にもわかりやすい文体になりました。荻野（2018）によると、文体には社会情勢やその時代の社会の意識が大きくかかわっており、刑法の文体の平易化は、2009年に施行された裁判員制度に向けて自然な流れであったと言えるでしょう。

刑法第38条

（旧文体）罪ヲ犯ス意ナシ行為ハ之ヲ罰セス但法律ニ特別ノ規定アル場合ハ此限ニ在ラス

（新文体）罪を犯す意思がない行為は、罰しない。ただし、法律に特別の規定がある場合は、この限りではない。

（荻野 2018:107-108 より抜粋）

---

②については、賃貸住宅の契約書と卒業論文は比較的硬い文体で、家族へのメモ書きとライトノベルは比較的やわらかい文体になるでしょう。

③のように、レポート、卒業論文や修士論文などは、アカデミックな内容を述べるのにふさわしい文体で書くことが求められます。a.、b.の解答はつぎの通りです。

a. 政府は （いろんな） →さまざまな政策を挙げている （けど） →が、（どれも） →どれも／いずれも国民への負担が増す （って感じてる） →と感じている人が （多いんじゃないでしょうか） →多いのではないだろうか／多いのではなかろうか。

b. 運転者は飲酒運転の危険性を （そんなに） →それほど意識 （しないで） →しないで／せずに、（ちょっと） →少しなら大丈夫だ （って思っちゃう） →と思ってしまう （みたいだ） →ようだ。

（小森・三井 (2016)「解答・解説」 p. 2-3）

日本語学習者がアカデミックな内容を述べる際には、ただ文法的に正しい表現を並べて書けばいいというわけではありません。文体を意識して表現を選択する必要があります。例えば、断定を表すモダリティ表現のなかでも、アカデミックな文体では、つぎのような表現が好まれます。

> と思われる、と考えられる／と考えられよう、と言える／と言えよう／と言えるだろう／と言うことができる／と見られる　など
>
> （日本語記述文法研究会（編）2009：215）

　ここで日本語の歴史をふり返ってみると、日本語はもともと話しことばと書きことばの乖離が大きい言語でした（荻野 2018）。明治以降、この乖離を埋めるために書きことばを話しことばに近づけようとする動きが盛んになり、口語体の小説や社説が書かれるようにもなりました。現在もさまざまな文体が存在していますが、テクノロジーの進化とともに、短期間で大きな変化が起こっていると言えます。とりわけ、メールや SNS、LINE などの普及は、書きことばでありながらも話しことばに極めて近い特徴を持つ文体を生み出しました。それは同時に手紙に見られた独特の文体の文化を薄れさせていきました。課題 4 で、その例を見てみましょう。

 課題4

　　つぎの①〜⑤の表現は、a. お世話になった目上の方への手紙、b. 友人へのお礼の手紙、c. 仕事関係者へのビジネスレター、d. 仕事関係者へのビジネスメール、e. 友人への LINE のうち、どれに使用されるものでしょう。

　　　① 拝啓　陽春の候　貴社ますますご清栄のこととお慶び申し上げます。
　　　② 拝啓　仲夏の候　おかわりなくお過ごしのことと存じます。
　　　③ いつもお世話になっております。H 大学の小口と申します。
　　　④ お元気ですか。この度は可愛いベビー服をどうもありがとう。
　　　⑤ ちょっと聞いてー！！　朝から裏表逆にズボン履いて授業してた！！

　いかがでしたか。①のビジネスレターや②の改まった手紙の例に見られる「拝啓」というのは頭語と呼ばれ、その後に時候の挨拶を添えることがマナー

とされています。前文、主文、末文、後付け、副文という構成からなり、最後に「敬具」や「かしこ」などと結語を記すという独特の文体があり、今でも改まったお礼状を書くときなどには、この文体が用いられることも多いです。一方で、③のビジネスメールでは、用件を完結かつ具体的に書くことがマナーとされ、時候の挨拶などは不要です。④のように友人など親しい間柄で送り合う手紙やハガキでは、ややカジュアルな表現で書き出すこともあります。最後に、⑤のように返事がすぐに返ってくる前提でおこなわれる LINE などのメッセージツールは、絵文字や略語だけでなく、スタンプなどといったさらに新しい文体の文化を生み出していると言えるでしょう。

4. まとめ

　本章では、談話のさまざまなタイプを見たうえで、接続表現、指示表現、省略という談話を構成する言語的要素の役割のうち、結束性について考えました。また、日本語の大きな特徴だと言われる文体については、身近なメッセージでのやりとりからアカデミックなものまで非常に幅広いものであることを実感できたのではないかと思います。

　筆者が日頃、大学生のレポートを添削していると、日本語母語話者であっても談話における結束性にかかわる表現を適切に使用できておらず、伝わりにくい文章になっている例が見られます。また、留学生から文体が適切でないメールが届くこともあります。こうした事例は、そのレポートやメールの印象を大きく左右することもありますので、日頃から意識を高めておく必要があるでしょう。

もっと知りたい人へ

○『日本語学入門』近藤安月子（2008／研究社）

○『現代日本語文法 7　第 12 部 談話　第 13 部 待遇表現』日本語記述文法研究会（編）（2009／くろしお出版）

コラム 13

手話について考えたこと、ありますか？

　みなさんは手話を使ったことがありますか。

　小学生の頃、私には「犬友」がいました。私以外の「犬友」はみんな大人で、毎晩、ドッグランで犬を遊ばせながらおしゃべりするのが日課でした。そのなかに一人、耳が聴こえないHさんという女性がいました。Hさんと私たちは、口の動きや表情、ジェスチャーで井戸端会議をおこなっていました。そのなかで、Hさんは生まれつき耳が聞こえないこと、ご両親も耳が聞こえないことを知りました。

　Hさんのように、生まれたときから耳が聴こない人が母語として使う手話は、「日本手話」と呼ばれ、日本語の音声言語とは異なる文法体系を持ちます。一方で、聴者が手話教室などで学ぶ手話は、「日本語対応手話」と呼ばれ、日本語の音声言語の文法体系に合わせて手話を付けたものです。

　「日本手話」には、日本語の音声言語と同じように方言が存在しています。例えば、東京周辺で使用される「おいしい」はほっぺが落ちる仕草を、大阪周辺で使用される「おいしい」はよだれを拭く仕草をするそうです。また、世界には、アメリカ手話、台湾手話、オランダ手話など、130以上の手話が存在しています。最近では、手話通訳付きのテレビ報道や会見などを目にする機会も増えましたが、母語として「日本手話」を話す人は日本社会でマイノリティの存在であり、社会参加するためには書き言葉としての日本語などを第二言語として学ぶ必要があります。手話を母語とする人にとっての生きやすい社会とはどんなものかを考えることは、日本語教育と少し通じるところもあるように思っています。

大阪の「おいしい」　　東京の「おいしい」

「大阪府府民文化部府政情報室」
　https://www.pref.osaka.lg.jp/j_fusei/1614b/1614/cts0101_410.html（2021年9月15日閲覧）
佐々木倫子（編）（2012）『ろう者から見た「多文化共生」もうひとつの言語マイノリティ』
　ココ出版.

第 14 章 ことばと社会（1）
—敬語・待遇表現

この章のポイント！

敬語は日本語学習者にとって難しい項目ではありますが、円滑な人間関係を形作るためには欠かせません。また、実際のコミュニケーションにおいては、言語形式としての敬語だけではなく、表現全体に関わる待遇表現やスタイルシフトといった考え方も重要です。日本語学習者が日本社会でのコミュニケーションを円滑におこなうために、何が必要なのか考えてみましょう。

☑ **キーワード**

敬語、丁寧体、普通体、敬意表現、スタイルシフト、待遇表現

1. 日本語教育ではなぜ「です・ます」体から教えるのか

　敬意を表すしくみは、多くの言語に存在しますが、世界の言語と比較しても、尊敬語や謙譲語といった表現を使い分ける日本語の**敬語**のしくみは珍しいものだと言えます。言い換えると、多くの日本語学習者にとって敬語は自分の母語のルールとは大きく異なるものだということになり、学習が難しい項目と言えます。しかし、日本語教育の初級では、敬語の一種である丁寧語「です・ます」の形から教えるのものが多いです。それはなぜでしょうか。

　一方、敬語には堅苦しいイメージがあり、日本語母語話者でも「うまく敬語を使う自信がない」「改まった場面や、目上の人と話すのは苦手」という人は少なくありません。

　日本語の文体には、**丁寧体**とも呼ばれる「です・ます」体と、**普通体**とも呼ばれる「だ・である」体があります。「です・ます」体の方が丁寧ですが、日本語の形としては「だ・である」体の方が基本です。「走る」は辞書に載っていますが、「走ります」は辞書に載っていません。

初めて会った外国人が、あなたに日本語で以下のように話しかけてきたらどんな印象を持つでしょうか。日本語教育ではなぜ「です・ます」体を先に教えるのでしょうか。周りの人やグループで話し合ってみてみましょう。

> オレ、マイケル。おまえの名前、何？（あなたが名乗る）おう、よろしくな。さて、時間だ。早く行くぞ。準備はできたか。急げ。遅れるぞ。荷物が重いのか？　よし、持ってやろう。遠慮はいらん。

ヒント
　マイケルさんの話し方は「わざと」でしょうか。そうではない可能性があるとすれば、どうしてこのような日本語を覚えたのか考えてみましょう。

　マイケルさんの話し方は、マンガやアニメの「ワイルドキャラ」なら成り立つかもしれません。しかし、現実にこのような話し方をする人はあまりいません。なぜなら、初対面の相手に対して失礼だと感じるからです。しかし、外国人の中には日本人と接触せずに、マンガやアニメから日本語を学ぶ場合もあります。もしくは接触する日本人が女性だったら、自分が男性でも「女性っぽい日本語」が普通だと思うかもしれません。

　日本語の敬語の分類方法は、従来**尊敬語**、**謙譲語**、**丁寧語**の3種類に分けることが主流でしたが、2007年に文化庁の「敬語の指針」で新たに5種類に分ける案が示されました。

表1　敬語の種類と働き

5種類		3種類
尊敬語	「いらっしゃる・おっしゃる」型	尊敬語
謙譲語Ⅰ	「伺う・申し上げる」型	謙譲語
謙譲語Ⅱ（丁重語）	「参る・申す」型	
丁寧語	「です・ます」型	丁寧語
美化語	「お酒・お料理」型	

ただ、5種類は複雑だということで、あまり普及していません。小学校や中学校でも3種類（もしくは美化語を加えた4種類）で教えることが一般的であり、日本語教育でも3種類で教えることが多いのが実状です。

尊敬語は目上の人の動作を高め、謙譲語は自分の動作を低めます。丁寧語は文や発話を丁寧にします。つまり、敬語のうち尊敬語と謙譲語は、人間関係の「上下」を表すためのものだと言えます。尊敬語や謙譲語は、基本的に丁寧語の「です・ます」と一緒に使われますので、敬語＝丁寧ということになります。

ただし、敬語を使えば使うほど丁寧になるというわけではなく、「こちら、ご覧になられますか」のように一つの動詞に尊敬語が二重に使われるものは二重敬語と呼ばれ、不適切とされます。

（課題2）

　　以下の表現は、「二重敬語」もしくは「三重敬語」です。それぞれの文がどのように「二重敬語」もしくは「三重敬語」なのか考えて、周りの人やグループで話し合ってみましょう。

　① 昨日はゆっくりとお休みになられましたか。
　② 確かにお承りいたしました。
　③ 先生のおっしゃられる通りです。
　④ お召し上がりになられますか。
　⑤ はい。すぐにお伺いいたします。

ヒント
　　尊敬語には「行く→いらっしゃる」のように特殊形になるもの、助動詞「れる／られる」が付くもの、接頭辞「お／ご」が付くものがあります。また尊敬語と謙譲語の重複もよく見られます。

二重敬語はできるだけ丁寧な敬意を表現しようという気持ちがあって使ってしまうもので、一概に批判はできません。実はアルバイトの接客マニュアルに二重敬語が掲載されているような事例すらあるそうです。とはいえ、「二重敬語は誤ったことばの使い方だ」と考える人も少なくありませんので、正しい敬語についての知識を持っておくことはビジネスマナーとしても必要です。

このように、敬語とは基本的に二重敬語などの言語形式に注意を払うことで誤りを回避することができます。しかし、実際のコミュニケーションでは場面によって言語形式は正しかったとしても、敬語を用いた表現全体が問題になることがあります。

課題3

　以下の二つの表現は、「不適切」だと言われます。なぜ不適切なのか、どう直せばいいのかを、周りの人やグループで話し合ってみてください。

　①（他社の人に対して）いまから私たちの社長がスピーチをなさいます。
　②（先生に対して）先生、お茶をお飲みになりたいですか。

ヒント
💡　①は「ウチとソト」、②は「面と向かって（直接的に）」がキーワードです。

　①も②も「言語形式としての敬語」は間違っていません。しかし、この場面での言語使用としては不適切です。つまり、広い意味では「間違った敬語」ということになります。①は自社の社長に「なさいます」と敬語を使ってしまっており、「ウチとソト」のルールに反しています。②は目上の人に願望を直接聞いているので、不適切になります。

　言語形式としての敬語を含めた表現全体を「**敬意表現**」と呼びます。日本語教育が、実際のコミュニケーションを扱うものである以上、日本語教師は言語形式としての敬語だけではなく、敬語を含む敬意表現を正しく理解し使えるように教える必要があります。

　また、目上に対する敬意表現に加え、相手をけなしたり悪口を言ったりする表現も含め、人間関係に応じて表現を使い分けることを「待遇表現」といいます。

　右図のような包摂関係になっているというわけです。

2. 「タメ口」と話し方（スタイル）

　敬語も敬意表現も、コミュニケーションにおいて重要であることは間違いありません。しかし、いつも丁寧な話し方をしなければならないというわけではありません。

> 　私はマイケルと申します。あなたのお名前も教えていただけると助かります。（あなたが名乗る）ありがとうございます。よろしくお願い申し上げます。さて、そろそろ時間になったようです。参りましょう。ご準備はよろしいでしょうか。急いだ方が良さそうです。遅れるかもしれません。あ、お荷物が重いでしょうか？　お持ちしましょう。いえ、ご遠慮なさらずに。

　課題1のマイケルさんの話し方を、敬語や敬意表現を使って書き換えてみました。たしかに丁寧な印象になったと思います。しかし、どこかよそよそしいと感じないでしょうか（むしろちょっと怖い感じも…）。実は「丁寧さ」と「よそよそしさ」は表裏一体なのです。「親しさ←→よそよそしさ」という尺度を「親疎」といいます。「親しさ」の表現の典型例は友達同士の「タメ口」です。

　「タメ口」では、普通体（「だ・である」体）を用います。課題1でも扱ったように、日本語教育では初級では丁寧体（「です・ます」体）を基本として教えます。では、普通体をいつ教えるかというと一般的には、以下のような文法事項が出てくるタイミングです。

　・読みました＋本→読んだ本
　・雨です＋と思う→雨だと思う

上記のように名詞修飾や引用といった文法事項では、丁寧体（「です・ます」体）が使えません。したがって、普通体の形を教える必要が出てくるのです。普通体の会話例もこのタイミングで練習します。しかし、その後は結局、丁寧体を基本として教えられることが多いです。

　では、話し方（スタイル）としての普通体（友達同士のタメ口など）は、日本語学習者はいつになったら教えられるのでしょうか。実は、ほとんど教えられな

いままなのです。もちろん、中級以降のカリキュラムは日本語学校にもよるので、本格的に普通体のスタイルを教えている学校もあると思いますが、現状としては日本語学校で学ぶ留学生の場合、中級以降は大学で勉強するためのアカデミックな日本語を勉強することが多く、どんどん硬いスタイルを突き詰めていく方向に行くのが一般的です。

　したがって、日本人と一緒に大学の授業を受け、日本人と同じ論文やレポートをこなす留学生でも、くだけた普通体の話し方には苦手意識を持ったままの人も多くいるのです。丁寧体を使えればいいのではないかと思うかもしれませんが、仲良くなった同世代の日本人にいつまでも丁寧体を使っていると、「本当は仲良くしたいのに、親しさの距離がなかなか縮まらない」ということにもなりかねません。

3. スタイルシフト

　ところで、皆さんはレポートなどを書くときに「です・ます」体と「だ・である」体を混ぜないように注意されたことはないでしょうか。書きことばでは普通体と丁寧体はどちらかに統一するのが基本ですが、話しことばの場合は一連の会話の中で同じ人が普通体と丁寧体を使い分けることがあります（書きことばでも稀にあります）。こうした普通体と丁寧体の切り替えを**スタイルシフト**（あるいはスピーチレベルシフト）といいます。

　（1）学生：先生、いつものゼミの飲み会、来週の木曜日の19時からやるん
　　　　　　　ですが、先生はやっぱりお忙しいですよね…？
　　　　先生：そうねえ…。いつも断ってばかりだから、今回は行こうかな。
　　　　学生：え？！　先生、<u>来てくれる</u>の？　やった！　お願いします！
　　　　先生：ええ。予定を<u>空けておく</u>ね。

　上記の（1）では、学生の発話は丁寧体を基本としています。しかし、下線部で普通体が使用されている部分があります。（1）は「丁寧体基調の中で普通体が使われる」スタイルシフトが起きているという例です。

(2) 女性：昨日お願いしてたレポートのチェックやってくれた？

男性：あ、ごめん…。昨日、別の課題しててやってないわ。

女性：えー。絶対にお願いって言ってたのに。

男性：ごめんごめん。まあ、大丈夫。優秀なあなた様が書いたレポート
なの<u>です</u>から、きっと素晴らしい出来映え<u>です</u>よ。

女性：もう。白々しい。

男性：へへ。

　上記の(2)では、男女とも発話は普通体を基本としています。くだけた話しことばのスタイル特有の「お願いしてた」、「課題してて」、「言ってた」のように、格助詞や「(て)い」の省略も見られます。しかし、下線部のように丁寧体が使用されている部分があります。(2)は「普通体基調の中で丁寧体が使われる」スタイルシフトが起きているという例です。

課題4

　上記の(1)(2)の会話で、スタイルシフトが起きた理由を考えて、周りの人やグループで話し合ってください。
　また、ほかにも「共通語の中で方言が使われる」、「男ことばの中で女ことばが使われる」のような、スタイルシフトにはどのようなものがあるか話し合って、発表してみましょう。

ヒント

　スタイルシフトは、発話者の人物像（キャラクタ）とも深い関係があります（「ツンデレ」など）。

　(1)は、「驚き」がきっかけで丁寧体から普通体にスタイルシフトが起きています。驚いたり慌てたりなど感情が激しく表れるときは、丁寧体から普通体にシフトが起きやすくなります。(2)は相手に謝罪する際に後ろめたさをごまかし、卑屈さを演じようとする意識から、普通体から丁寧体へのスタイルシフトが起きています。

4. まとめ

　本章では、敬語と敬意表現、話し方のスタイル、スタイルシフトについて扱いました。敬語はことばの問題ですが、社会との接点でもあります。日本文化との関係も深く、日本語教育でも学習者に教えるのが難しい項目とされます。しかし、敬語や話し方のスタイルをマスターしていないと、日本語学習者に悪気がなくても、相手に悪い印象を与えてしまう可能性があります。ですから、敬語やスタイルが習得できるよう、初級学習者だけでなく中上級学習者もしっかりと学習する必要があります。

課題5

　つぎの外国人と日本人のコミュニケーションにどのような問題が生じているのか考えてみましょう。周りの人やグループで、話し合ってみてください。

> 　ある外国人が出かけるとき、近所のおばさんが掃除をしながら「どちらへお出かけ？」といつも声をかけてくる。なぜそんなプライベートなことを顔見知り程度の人に聞かれるのか不審がっている。

> 　ある外国人が来日したときに挨拶をして回ったら、何人もの人に「よかったら、今度食事でも行きましょう」と言われたので、楽しみに待っていたのに誰も具体的な誘いの連絡をくれなくて人間不信になった。

> 　ある外国人がアルバイト先で店長に「明日から来なくていいよ」と言われたので、「では、いつから来ればいいですか」と聞き返したところ、「そういうことじゃなくて」と言い残して立ち去られた。

> 　ある外国人が自分で作った国のお菓子を日本人の友人にあげたところ、「とても美味しい。私も作ってみたい」と言われたので、いつなら都合が付くのか何度も尋ねたが、「今日はちょっと」など曖昧な返事ばかりしか返ってこない。

もっと知りたい人へ

○ 『日本語文法演習 敬語を中心とした対人関係の表現─待遇表現 上級』小川誉子美・前田 直子（2003／スリーエーネットワーク）

○ 『待遇コミュニケーション論』蒲谷宏（2013／大修館書店）

○ 『敬語』菊地康人（1997／講談社）

○ 『敬語再入門』菊地康人（2010／講談社）

○ 『ヴァーチャル日本語 役割語の謎（もっと知りたい！日本語）』金水敏（2003／岩波書店）

○ 『日本語は親しさを伝えられるか』滝浦真人（2013／岩波書店）

○ 『現代日本語文法7　第12部 談話　第13部 待遇表現』日本語記述文法研究会（編）（2009／くろしお出版）

○ 『マイナスの待遇表現─対象を低く悪く扱う表現への規制と配慮』西尾純二（2015／くろしお出版）

○ 『失礼な敬語─誤用例から学ぶ、正しい使い方』野口恵子（2013／光文社）

コラム 14

役割語

（A） （B） （C）

　（A）～（C）のキャラクターはどのような話し方をするか想像してみてください。（A）は忍者なので「拙者が猿飛佐助でござる」、（B）は博士なので、「わしが阿笠博士じゃ」、（C）はお嬢様なので「わたくしが白鳥麗子よ」のような話し方をしそうです。しかし、私たちは実際には忍者に会ったことがありませんので、どんな話し方をするか知りませんし、博士やお嬢は実在するでしょうが、こんな話し方をするとは限りません（この本の著者はみんな博士ですが、誰もこんな話し方はしません）。

　皆さんは「ステレオタイプ」ということばを聞いたことがあるでしょうか。人の性別、年齢、仕事、外見などで「この人はこんな人に違いない」と決めつけることです。上記は、「話し方のステレオタイプ」であり、これを「役割語」といいます。それでは、どうして私たちは役割語を想像することができるのでしょうか。それはマンガやアニメの影響が大きく、実在しない人物像（キャラクタ）が日本語母語話者の共通理解になっているからです。日本語は英語など他の言語よりも、一人称や終助詞などが豊富なのでキャラクターの役割を表す要素が多い言語です。「役割語」の存在が、日本のマンガやアニメの魅力を支える一つとも言えます。

　役割語は日本語と日本文化をつなぐ一つの手がかりであり、日本語教育でも重要な概念となっています。

金水敏（2013）「「役割語」とは何か」『日本語教育通信 日本語・日本語教育を研究する 第41回』
国際交流基金　https://www.jpf.go.jp/j/project/japanese/teach/tsushin/reserch/201302.html
（2021 年 11 月 15 日閲覧）

第15章 ことばと社会(2)
─日本語のバリエーション

この章のポイント！

アニメキャラに限らず、私たちがふだん何気なく使っている日本語には、方言や世代差、男女差など、さまざまなバリエーションがあります。本章では、まず、日本語がバリエーションごとにどのようなイメージを持っているかを考え、ふだん、自分がどのように日本語を使っているかをふり返ります。また、なぜそのようなバリエーションが生まれるのかを考えます。そして、日本語学習者がそれらのバリエーションをうまく使いこなせるようにするために、どのようなアドバイスをしたら良いかを考えてみましょう。

☑ **キーワード**

男女差、世代差、社会方言、地域方言、標準語、フォリナートーク、やさしい日本語

1. 日本語にも種類がある？

皆さんが使っている日本語には多くのバリエーションがあります。それを意識したことがあるでしょうか。ここでは、同じ意味の文にもさまざまな表現の仕方があること、それらのイメージについて考えてみましょう。

課題1

つぎの①～⑤の文について、どんな状況で、誰が誰に対して話しているか、また、なぜそう思うのかについて考え、グループで話し合ってみましょう。

① これ、うまいぜ。食ってみろよ。
② これ、おいしいわよ。召し上がってみて。
③ これ、ふつうにおいしいんだけど。食べてみてよ。
④ こいはうんまかど。たもっみやんせ。
⑤ これはおいしいですよ。食べてみませんか。

➡ワークシートは「超基礎日本語学website」よりダウンロード

「①これ、うまいぜ。食ってみろよ。」は男性、「②これ、おいしいわよ。召し上がってみて。」は女性、「③これ、ふつうにおいしいんだけど。食べてみてよ。」は若い人たちが使っているイメージでしょうか。でも、①と②は古い映画のなかの男女が使っているようなイメージではありませんか。これらはことばの**男女差**、**世代差**と関わっています。

「④こいはうんまかど。たもっみやんせ。」は、「これはおいしいですよ。召し上がってみてください。」という意味の鹿児島弁です。これは**地域方言**です。

「⑤これはおいしいですよ。食べてみませんか。」はどうでしょうか。あまり特徴のない話し方ですが、皆さんだったらどんな場面で使うでしょうか。⑤については、**やさしい日本語**との関係から考えていきます。

2. ことばの男女差、世代差

ことばの男女差や世代差は「**社会方言**」と呼ばれます。社会方言とは、年齢、地位、階層、職業、性別などの社会的属性によることばの使い方です。ここでは、ことばの男女差と世代差について考えてみましょう。男女差を表す特徴には以下のようなものがあります。

特徴	例
終助詞	女：わ、かしら、て、てよ、こと、の、のよ、わよ、よ、たら
	男：い、ぜ、な、よ、ぞ、さ、かい、だい
呼称	女：わたし、あたし、あたい、あなた、あんた
	男：ぼく、おれ、おいら、わし、きみ、おまえ、てめえ
音変化	女：すっごーい、〜ちゃった
	男：すげー

そのほかにも、イントネーション、語彙、文法、敬語やジェスチャーなどの非言語行動にも男女差が見られるとされています。ことばの男女差は室町時代に宮中の女房が使った女房詞（女房言葉。「おひや（水）」など）から生まれたとする説もありますが、近代日本の「国民」「国語」の成立に伴って形成されてきた（後述）ともいわれています。

では、上の表の中の表現を皆さんは今、使っているでしょうか。最近では、このようなことばの男女差は少なくなっているといわれています。男性が女ことばを使ったり、女性が男ことばを使うなど、ことばの中性化が起きているのです。1997 年の時点で、すでに女性ことばとしての「わ」の使用は実際の会話においては極めて少なく、「だわ」は皆無に近かったこと、「わね」「わよね」「かしら」は衰退傾向にあり、「かな」「かね」「だよね」など、もともと男性的疑問表現だったものが女性にも使用されていることが報告されています（尾崎 1997、中島 1997）。また、実際の言語使用だけでなく、ことばの男女差に対する意識も世代差が大きいようです。つぎの課題で、皆さんや皆さんの周りの人たちのことばの使用や意識における男女差、世代差について考えてみましょう。

課題 2

　場面 A と場面 B の会話で、あなたがつぎのような役割をするとしたら、どのような表現を使うか考えてみましょう。また、自分やクラスメートだけでなく、自分とは違う世代／性別の人にも聞いて、結果をワークシートにまとめてみましょう。

場面 A

あなた：お母さん／お父さん
　家族で外出の準備をしている。なかなか準備が終わらない子どもに少し怒ったように言う。

| あなた：早く早く！＿＿＿＿＿＿＿＿＿＿＿＿＿！ |
| a. 行くよ　　b. 行くわよ　　c. 行くぞ　　d. その他（　　　　　　） |

場面 B

あなた：女子大学生／男子大学生
　1 週間前に付き合い始めた恋人と別れ、友だちにそのことを告げる。

| 友　人：えっ、もう別れたの？ |
| あなた：うん、あんな＿＿＿＿＿、最低。 |
| a. 人　　b. 男／女　　c. やつ　　d. その他（　　　　　　） |

➡ワークシートは「超基礎日本語学 website」よりダウンロード

　なぜその表現を選んだのかも考えて（聞いて）ください。男女差、世
代差だけでなく、どのような状況でどのような相手の場合にその表現
を使うのかも考えてみましょう。世代や性別で選ぶことばは違うかもしれませ
んし、世代による性差もあるかもしれません。
　また、性差をことばで表現することに対してもさまざまな考え方があるでしょ
う。そのような考え方についても調べてみましょう。

3. ことばの地域差

　ことばの地域差は**地域方言**と呼ばれます。地域方言は語彙や文法、アクセン
トやイントネーションなどに多くの違いがあります。日本にはさまざまな地域
方言がありますが、皆さんの住んでいる地域では、課題１の①～⑤の文をど
のように言い表しますか。

　地域方言について、民俗学者の柳田國男氏は、1930 年に『蝸牛考（かぎゅうこう）』という
有名な研究を発表しました。蝸牛というのはカタツムリのことですが、この語
は、京都を中心に、デンデンムシ（デデムシ）→マイマイ→カタツムリ→ツブリ
→ナメクジと同心円状に分布していま
す(図 1)。柳田は、文化的中心であっ
た京都で新しいことばが生まれてそれ
が徐々に日本全国に広がっていった、
つまり、京都に近い地域で使われてい
る語が新しく、外側に行けば行くほど
古い語が残っていると主張したのです。
これを**方言周圏論**といいます。方言の
区分には、このほかにもさまざまな考
え方があります。

　地域方言と対立する概念は**標準語
(国語)**です。明治時代になり国力を強
めようとする日本政府は、国民の統合
を図る目的で、日本国内で使われるこ

図 1　「かたつむり」の方言分布図
(『方言の日本地図』(真田 2002)より)

とばを統一しようとしました。これに深くかかわったのが国語学者の上田万年<ruby>（かずとし）</ruby>です。国定教科書が策定され、標準語の普及が進められた一方で、方言を使った児童生徒の首に罰として**方言札**をかけるという過度な行為がおこなわれ、第二次世界大戦後まで続いたと言われています。その後も、地域方言は「かっこわるいもの」「恥ずかしいもの」とされる傾向がありました。現在でも、時としてからかいの対象になる地域方言もあります。一方、厳密な意味での標準語は日本では確立しておらず、東京方言を中心として現実に全国で使われていることばは、一般的に**共通語**と呼ばれています。

　地域方言はその地域で生まれ育った人が最初に覚えることば、つまり母語であり、個人のアイデンティティ形成に深く関わっていると言えるでしょう。自分の母語を馬鹿にされるのは辛いものです。皆さんのなかには共通語を話す人、地域方言を話す人、場面や相手に応じて使い分ける人など、さまざまな人がいると思いますが、日本国内のことばの多様性に目を向け、自分のことばと相手のことばの両方を尊重する姿勢を持つことが重要です。そして、その姿勢は、日本語学習者に接するときもとても重要なことです。

　一方、現在、地域方言に対する意識は少しずつ変化しているようです。方言に対して「おもしろい」「かわいい」というイメージを持ち、生まれ育った地とは関係なく方言らしい表現を使って自分を表現する現象は「**方言コスプレ**」(田中 2011)、もともと地方の方言だった表現を全国の若年層がカジュアルな場で使用する現象は「**新方言**」(井上 1985)と呼ばれています。さらに、共通語がもともとあった方言に影響を与えて生まれた新しい方言を「**ネオ方言**」と呼んだりもします(真田 1996)。以下に、それぞれの例を挙げます。

方言コスプレ	関西人ではないのに「なんでやねん！」とつっこむなど
新方言	「〜みたく」「うざい」「〜じゃん」「違かった」など
ネオ方言	「来ない」を意味する関西方言「けーへん／きーひん」に共通語「こない」が影響を与えて「こーへん」に変化するなど

日本語教育においても地域に住む外国人のニーズに応え、地域方言を取り入れようという取り組みがあります。全国各地にさまざまな形で外国人が暮らすようになった現在、日本語教育は、居住地の住民と円滑にコミュニケーションができるよう、共通語だけでなく方言も視野に入れていく必要があるでしょう。

 課題3

あなたの友人の留学生(20代女性・中国人)が、近くのコンビニでアルバイトを始めることになりました。その留学生は日本語が上手ですが、アルバイトをするのは初めてです。アルバイト先の同僚やお客さんとうまくコミュニケーションをするためにアドバイスをするとしたら、どんな情報が役に立つと思いますか。社会方言、地域方言などの観点から考えて、周りの人やグループで話し合ってみましょう。

ヒント
・コンビニでいっしょに働く人はどんな人たちですか。
・コンビニにはどんなお客さんが来ますか。
・コンビニでは誰と、どんなコミュニケーションがおこなわれていますか。
・コンビニではどんなことばが使われていますか。
同僚であっても先輩か後輩かによって使う表現が違うかもしれません。また、地域方言を使う地域なら、お客さんが使う地域方言が理解できないと仕事がスムーズに進まないかもしれません。いろいろな場面や相手を想定してみてください。

4. 相手によって話し方を変える

ここまで日本語のバリエーションについて見てきましたが、私たちは、いつでも・どこでも・誰に対しても同じ話し方をしているわけではありません。相手や状況に合わせて臨機応変に話し方を変えています。つぎの状況であなたならどんな話し方をするか、考えてみましょう。

課題4

　①〜③の人に、今、自分が熱中していること(趣味、好きなもの、好きなアイドルなど)について話します。どのように話すか考えて書いてみましょう。

　　①アルバイトの面接で面接官に
　　②小学校時代からの親友に久しぶりに会って
　　③日本語を勉強している外国人との相互言語学習で
　　　➡ワークシートは「超基礎日本語学website」よりダウンロード

　コミュニケーションの理論に**アコモデーション理論**というものがあります。これは、「「相手を理解したい」「相手に理解してもらいたい」と思うと、自然と自分の話し方が相手の話し方に近づく」という考え方です。例えば、公園で小さい子どもと話すときは、しゃがんで子どもの目の高さに合わせ、子どもがわかるように話しかけるというようなことです。逆に、「相手と距離を置きたい」と思うと、話し方は相手の話し方に近づくのではなく、逆に相手と違う話し方をするようになります。例えば、大阪方言の話者が東京方言の話者と話すときに、東京方言の話者との違いを強調するために大阪方言で話し通す、というようなことです。相手と違う話し方をすることは自分と相手との間の境界をはっきり示すことになり、悪意があると感じられると、否定的に受け取られることがあります。

　「相手に理解してもらいたい」と思い、相手に合わせて話す話し方の代表的な例が**ベイビートーク**と**フォリナートーク**です。ベイビートークは、大人が幼児がわかるように話し方を調整するもので、例えば「猫」を「にゃんにゃん」、「おいしいですか?」を「おいちいでちゅか?」と言ったりするものです。フォリナートークは母語話者が非母語話者に対して話し方を調整するものを指します。特徴としては、以下のようなものがあります。

- ゆっくりはっきり話す
- 文を短くする。また、文の終わりをはっきりさせる
- 簡単なことばに言い換える
- 相手が自分の話を理解しているかどうか確認する

課題 1 の「⑤これはおいしいですよ。食べてみませんか。」は、上に挙げた特徴のいくつかに当てはまります。また、日本語学習者が最初に学ぶ丁寧体である「です・ます」体（→第 14 章参照）を使っているのも特徴的です。このような話し方も、日本語のバリエーションの一つです。このように外国人にわかるように調整を加える日本語を**やさしい日本語**といいます。

　やさしい日本語の始まりは、1995 年に発生した阪神淡路大震災の後です。当時、被害を受けた人々のなかには外国人も多かったのですが、災害情報は難しい日本語で発信され、適切に情報を伝えることができませんでした。やさしい日本語はこのことを教訓として、開発されたものです。その後、国や地方自治体などの公的機関や、観光、医療情報の発信など、幅広い分野で用いられるようになっています。やさしい日本語の広がりには、在住外国人の増加による日本社会の多文化化・多言語化が影響しています。

課題5

　「やさしい日本語」の活用例として、「NHK NEWS WEB EASY」というウェブサイトがあります。このウェブサイトでは、「NHK NEWS WEB」と同じ内容の記事がやさしい日本語に書き換えられています。以下の手順で、普通の日本語とやさしい日本語を比較し、気づいたことを話し合ってみましょう。

　①　「NHK NEWS WEB EASY（https://www3.nhk.or.jp/news/easy/）」の
　　　ウェブサイトを開く。
　②　ニュースを一つ選び、ページを開く。
　③　②のページの下部にある「普通のニュースを読む」を
　　　クリックし、普通の日本語のページを開く。
　④　やさしい日本語のニュースと普通の日本語のニュースを比較する。

ヒント
以下の点に注目してみましょう。
一文の長さ／使われている語／使われている文法／情報の量

5. まとめ

　私たちがふだん何気なく使っている日本語のなかにも、さまざまな形があることに気がついたでしょうか。母語話者はさまざまなバリエーションを特に意識することもなく使い分けることができますが、日本語学習者はそうはいきません。日本語教育では、学習者に母語話者が使用しているさまざまなことばのバリエーションを意識させ、使いこなす練習をおこなうことが必要なのです。

　以上、本書では、音声、文字、語彙、文法、談話、社会というように、小さな単位から徐々に大きな単位へと対象を広げつつ、さまざまな角度から日本語について考えてきました。それぞれの分野の基礎的な知識はもちろん日本語を教えるうえで有用ですが、もっと大切にしたいことは、課題を通して体験したように、表現に向き合い、考えてみる姿勢です。日本語は多様で、そして、変化しています。本書を通して学んだことを出発点に、つぎはぜひ皆さん自身で、身の回りの日本語の何気ない表現に目をとめたり、日本語学習者の疑問を一緒に考えてみたりしてください。

もっと知りたい人へ

○『やさしい日本語—多文化共生社会へ』庵功雄（2016／岩波書店）

○『聞いておぼえる関西（大阪）弁入門』真田信治（監修）岡本牧子・氏原庸子（著）（2006／ひつじ書房）

○『「方言コスプレ」の時代—ニセ関西弁から龍馬語まで』田中ゆかり（2011／岩波書店）

○『女ことばと日本語』中村桃子（2012／岩波書店）

○『「国語」の近代史—帝国日本と国語学者たち』安田敏朗（2006／中央公論新社）

○『日本語ウォッチング』井上史雄（1998／岩波書店）

第15章　ことばと社会（2）—日本語のバリエーション

表現したい自分を表現できるように

会ったばかりの外国人につぎのように言われたら、どんな印象を持ちますか。

A. ぼく、日本のアニメが大好きなんだ。おススメあったら教えてくれよ。

B. わたし、先月日本に来たの。いろいろ教えて。よろしくね。

　Aの場合は女性が男ことばを話していること、Bの場合は男性が女ことばを話していることに違和感を持つ人がいるかもしれません。こんなとき、日本語教師はどのような対応をしたらいいのでしょうか。「それは、男性／女性が使うことばだから使わない方がいいよ」とアドバイスしたらいいのでしょうか。

　上のように話す日本語学習者がいないわけではありません。漫画やアニメのキャラクターの話し方をまねしている学習者、教師や身近な人の話し方がうつってしまった学習者、好んでそのような話し方をする学習者までさまざまです。

　言語は自分を表現するための道具です。日本語教育をはじめ、言語教育の役割は、学習者が表現したい自分を表現できる道具を提供することです。上のような話し方をする学習者に対して、「それは使わない方がいいよ」と言ってしまうのは言語の専門家である日本語教師として、十分とは言えません。日本語教師の持つべき大事な資質は、上のような話し方が聞き手にどんな印象を与えるかを教え、それが本当に自分が表現したい自分なのかをいっしょに考え、さまざまなことばのバリエーションを示し、学習者が自分を表現するための選択肢を増やしていくことではないでしょうか。

参考文献・参考URL

■第1章
澤田治美（監修）ピーター・K・オースティン（2009）『ビジュアル版 世界言語百科 現用・危機・絶滅言語1000』柊風舎.

URL

「海外日本語教育機関調査」国際交流基金（2018年度）
　　https://www.jpf.go.jp/j/project/japanese/survey/result/index.html　（2021年11月15日閲覧）
「令和元年度国内の日本語教育の概要」文化庁
　　https://www.bunka.go.jp/tokei_hakusho_shuppan/tokeichosa/nihongokyoiku_jittai/r01/
　　　　　　　　　　　　　　　　　　　　　　　　　　　　　　　　（2021年11月15日閲覧）
「The World Atlas of Language Structures（WALS）」MPI EVA　https://wals.info/
　　（※語順については、Feature 81A: Order of Subject, Object and Verb 参照）（2021年11月15日閲覧）

■第2章
金村久美・松田真希子（2020）『ベトナム人に日本語を教えるための発音ふしぎ大百科』ひつじ書房.
河野俊之（2014）『音声教育の実践（日本語教師のためのTIPS77　第3巻）』くろしお出版.
国際交流基金（2009）『音声を教える（国際交流基金日本語教授法シリーズ2)』ひつじ書房.
東京外国語大学語学研究所（編）（1998）『世界の言語ガイドブック2　アジア・アフリカ地域』三省堂.
松崎寛・河野俊之（2018）『日本語教育　よくわかる音声』アルク.

URL

「IPA 国際音声字母（記号）「子音（肺気流）」」東京外国語大学
　　http://www.coelang.tufs.ac.jp/ipa/consonant_pulmonic.php　（2020年8月31日閲覧）

■第3章
金村久美・松田真希子（2020）『ベトナム人に日本語を教えるための発音ふしぎ大百科』ひつじ書房.
河野俊之（2014）『音声教育の実践（日本語教師のためのTIPS77　第3巻)』くろしお出版.
木下直子・中川千恵子（2019）『ひとりでも学べる日本語の発音—OJADで調べてPraatで確かめよう』ひつじ書房.
郡史郎（2020）『日本語のイントネーション—しくみと音読・朗読への応用』大修館書店.
国際交流基金（2009）『音声を教える（国際交流基金日本語教授法シリーズ2）』ひつじ書房.
松崎寛・河野俊之（2018）『日本語教育　よくわかる音声』アルク.

URL

「国語研の窓　第9号　解説：アクセントの平板化」ことば研究館・国立国語研究所
　　https://kotobaken.jp/mado/09/09-04/　（2021年11月22日閲覧）
「オンライン日本語アクセント辞書（OJAD）」東京大学大学院 工学系研究科 峯松研究室／情報理工学系研究科 廣瀬研究室　http://www.gavo.t.u-tokyo.ac.jp/ojad/jpn/pages/home
　　　　　　　　　　　　　　　　　　　　　　　　　　　　　　　　（2021年11月15日閲覧）
「Praat: doing phonetics by computer」　https://www.fon.hum.uva.nl/praat/　（2021年11月10日閲覧）

■第4章
URL

「漢字文化資料館　漢字 Q&A」大修館書店
　https://kanjibunka.com/kanji-faq/history/q0003/ （2021 年 11 月 10 日閲覧）
「Google翻訳」　https://translate.google.co.jp/ （2021年3月31日閲覧）
「DeepL翻訳」　https://www.deepl.com/ja/translator （2021年3月31日閲覧）
「外来語の表記」　文化庁
　　https://www.bunka.go.jp/kokugo_nihongo/sisaku/joho/joho/kijun/naikaku/gairai/index.html
　　　　　　　　　　　　　　　　　　　　　　　（2021 年 11 月 10 日閲覧）
「現代仮名遣い」文化庁
　　https://www.bunka.go.jp/kokugo_nihongo/sisaku/joho/joho/kijun/naikaku/gendaikana/index.html
　　　　　　　　　　　　　　　　　　　　　　　（2021 年 11 月 10 日閲覧）

■第5章

久米公（編著）（2017）『漢字指導の手引き―学習指導要領準拠』教育出版.
国立国語研究所（編）（1976）『国立国語研究所報告〈56〉現代新聞の漢字』秀英出版.
濱川祐紀代（編著）（2010）『日本語教師のための 実践・漢字指導』くろしお出版.
濱川祐紀代（2011）「ノンネイティブ日本語教師を対象とした自律学習「漢字」の試み―実践とア
　　ンケート結果の報告」『JSL 漢字学習研究会誌』3, 28-33.
濱川祐紀代（2015）「日本語非母語話者教師の漢字学習に関する意識―非漢字系若手教師への質問
　　紙調査より」『日本語教育方法研究会誌』22(1), 18-19.
Jack Halpern（編）（2013）『講談社漢英学習字典 The Kodansha Kanji Learner's Dictionary: Revised and
　　Expanded』Kodansha International.

URL

「漢字の正しい書き順（筆順）」　https://kakijun.jp/ （2021 年 11 月 10 日閲覧）
「各級の出題内容と審査基準」日本漢字能力検定
　　https://www.kanken.or.jp/kanken/outline/degree.html （2021 年 11 月 10 日閲覧）
「常用漢字表（平成 22 年内閣告示第 2 号）」文化庁
　　https://www.bunka.go.jp/kokugo_nihongo/sisaku/joho/joho/kijun/naikaku/kanji/index.html
　　　　　　　　　　　　　　　　　　　　　　　（2021 年 11 月 10 日閲覧）

■第6章

国際交流基金（2002）『日本語能力試験出題基準〔改訂版〕』凡人社.
西尾実 ほか（編）（2019）『岩波国語辞典　第八版』岩波書店.

URL

「令和版単語親密度データベースの構築と語彙数推定テストの作成～語彙数推定から学習支援へ～」
　　NTT コミュニケーション科学基礎研究所
　　https://www.ntt.co.jp/news2020/2006/200603a.html （2020 年 8 月 28 日閲覧）
「「外来語」言い換え提案」 国立国語研究所「外来語」委員会
　　https://www2.ninjal.ac.jp/gairaigo/ （2020 年 8 月 28 日閲覧）
「外来語に関する意識調査（全国調査）」 国立国語研究所
　　http://doi.org/10.15084/00002303 （2021 年 3 月 31 日閲覧）
「「病院の言葉」を分かりやすくする提案」 国立国語研究所
　　https://www2.ninjal.ac.jp/byoin/ （2020 年 8 月 28 日閲覧）

■第7章
今井むつみ（2010）『ことばと思考』岩波書店.
国立国語研究所編（2004）『分類語彙表 —増補改訂版』大日本図書.
村木新次郎（2002）「第3章 意味の体系」北原保雄（監修）・斎藤 倫明（編）『朝倉日本語講座4 語彙・意味』（pp. 54-78）. 朝倉書店.

■第8章
スリーエーネットワーク（編著）（2012）『みんなの日本語 初級Ⅰ 第2版』スリーエーネットワーク.
山田敏弘（2004）『国語教師が知っておきたい日本語文法』くろしお出版.
URL
「「エモい」は「外来語形容詞四天王」になれるか？ 日本語研究者の熱視線」茂木俊伸, ITmedia（2018）
　　　https://www.itmedia.co.jp/news/articles/1807/15/news004.html （2021年3月31日閲覧）

■第9章
足立章子・金田智子・鈴木有香・武田聡子（2002）『文法が弱いあなたへ（初級から中級への橋渡しシリーズ2）』第1課，凡人社.
伊坂淳一（2016）『新ここからはじまる日本語学』ひつじ書房.
山田敏弘（2004）『国語教師が知っておきたい日本語文法』くろしお出版.

■第10章
国際交流基金（2013）『まるごと 日本のことばと文化　入門』三修社.
国際交流基金（2014）『まるごと 日本のことばと文化　初級1・2』三修社.
国際交流基金（2015）『まるごと 日本のことばと文化　初中級』三修社.
国際交流基金（2016）『まるごと 日本のことばと文化　中級1』三修社.
坂野永理・池田庸子・大野裕・品川恭子・渡嘉敷恭子（2011）『初級日本語 げんきⅠ 第2版』The Japan Times.
坂野永理・池田庸子・大野裕・品川恭子・渡嘉敷恭子（2011）『初級日本語 げんきⅡ 第2版』The Japan Times.
スリーエーネットワーク（編著）（2012）『みんなの日本語 初級Ⅰ 第2版』スリーエーネットワーク.
スリーエーネットワーク（編著）（2013）『みんなの日本語 初級Ⅱ 第2版』スリーエーネットワーク.

■第11章
池上嘉彦（1981）『「する」と「なる」の言語学—言語と文化のタイポロジーへの試論』大修館書店.
市川保子（1997）『日本語誤用例文小辞典』凡人社.
田中真理（1997）「視点・ヴォイス・複文の習得要因」『日本語教育』92, 107-118.
寺村秀夫（1982）『日本語のシンタクスと意味Ⅰ』くろしお出版.
野田尚史（1991）「文法的なヴォイスと語彙的なヴォイスの関係」仁田義雄（編）『日本語のヴォイスと他動性』（pp. 211-232）. くろしお出版.
吉川千鶴子（1995）『日英比較 動詞の文法』くろしお出版.

■第12章
太田陽子（2014）『文脈をえがく—運用力につながる文法記述の理念と方法』ココ出版.
近藤安月子（2008）『日本語教師を目指す人のための日本語学入門』研究社.
中俣尚己（2014）『日本語教育のための　文法コロケーションハンドブック』くろしお出版.
日本語記述文法研究会（編）（2009）『現代日本語文法7　第12部 談話　第13部 待遇表現』くろ

しお出版.

益岡隆志（1997）『新日本語文法選書4　複文』くろしお出版.

宮崎和人・安達太郎・野田春美・高梨信乃（2002）『新日本語文法選書2　モダリティ』くろしお
　　出版.

■第13章

荻野綱男（編著）（2018）『現代日本語学入門　改訂版』明治書院.

小森万里・三井久美子（2016）『ここがポイント! レポート・論文を書くための日本語文法』く
　　ろしお出版.

日本語記述文法研究会（編）（2009）『現代日本語文法7　第12部 談話　第13部 待遇表現』くろ
　　しお出版.

平野友朗（2014）『短いフレーズで気持ちが伝わるモノの書き方サクッとノート』永岡書店.

松田美穂子（2007）『時候ではじまる手紙・メール』大泉書店.

■第14章

（URL）

蒲谷宏（2005）「「待遇コミュニケーション」という捉え方」『日本語教育通信 日本語・日本語教
　　育を研究する 第26回』国際交流基金

　　https://www.jpf.go.jp/j/project/japanese/teach/tsushin/reserch/pdf/nk52_14-15.pdf

（2020年8月28日閲覧）

「敬語の指針」文化庁（2007）

　　https://www.bunka.go.jp/seisaku/bunkashingikai/sokai/sokai_6/pdf/keigo_tousin.pdf

（2020年8月28日閲覧）

■第15章

井上史雄（1985）『新しい日本語─《新方言》の分布と変化』明治書院.

尾崎喜光（1997）「女性専用の文末形式のいま」現代日本語研究会（編）『女性のことば・職場編』
　　（pp. 33-58）. ひつじ書房.

真田信治（1996）『地域語のダイナミズム・関西篇（地域語の生態シリーズ）』おうふう.

真田信治（2002）『方言の日本地図─ことばの旅』講談社.

田中ゆかり（2011）『「方言コスプレ」の時代─ニセ関西弁から龍馬語まで』岩波書店.

ダニエル ロング・中井精一・宮治弘明（編）（2001）『応用社会言語学を学ぶ人のために』世界思
　　想社.

中島悦子（1997）「疑問表現の様相」現代日本語研究会（編）『女性のことば・職場編』（pp. 58-
　　82）. ひつじ書房.

（URL）

小川早百合（2004）「話し言葉の男女差─定義・意識・実際」『日本語とジェンダー』4, 日本語ジェ
　　ンダー学会　https://gender.jp/wp/wp-content/uploads/2020/08/2004_NGG_journal_4_ogawa.pdf

（2021年11月15日閲覧）

水本光美「テレビドラマにおける女性言葉とジェンダーフィルター ─文末詞（終助詞）使用実態
　　調査の中間報告より」『日本語とジェンダー』5, 日本語ジェンダー学会

　　https://gender.jp/wp/wp-content/uploads/2020/08/2005_NGG_journal_5_mizumoto.pdf

（2021年11月15日閲覧）

索　引

著者紹介

太田 陽子（おおた ようこ）［編著者］

担当 はじめに, 第 1 章, 第 10 章

現職 一橋大学 国際教育交流センター 教授

略歴 早稲田大学大学院修了, 博士（日本語教育学）

著書 『文脈をえがく 運用力につながる文法記述の理念と方法』（ココ出版, 2014）、『日本語誤用辞典 外国人学習者の誤用から学ぶ日本語の意味用法と指導のポイント』（共著, スリーエーネットワーク, 2010）、『コーパスから始まる例文作り』（共著, くろしお出版, 2017）など

メッセージ 授業のアイデアを考えるとき、学習者から思わぬ質問を受けたとき、日本語学は教師の頼れる味方です。日本語学の窓を通して、学習者と一緒に日本語の不思議を楽しんでください。

嵐 洋子（あらし ようこ）

担当 第 2 章, 第 3 章

現職 杏林大学外国語学部 教授

略歴 大阪大学大学院修了, 博士（文学）

著書 『日本語教育のためのタスク別書き言葉コーパス』（共著, ひつじ書房, 2014）、『「評価」を持って街に出よう ―「教えたこと・学んだことの評価」という発想を超えて』（共著, くろしお出版, 2016）など

メッセージ 日本語学の学びには、「日本語ってこんな言語だったんだ！」という発見が詰まっています。この本を入り口に、さらに色々な日本語学の世界を学んでもらえたら嬉しいです。

小口 悠紀子（こぐち ゆきこ）

担当 第 12 章, 第 13 章

現職 広島大学大学院人間社会科学研究科 准教授

略歴 広島大学大学院修了, 博士（教育学）

著書 『ミニストーリーで覚える JLPT 日本語能力試験ベスト単語 N3 合格 2100』（共著, The Japan Times, 2021）、『日本語教育へのいざない―「日本語を教える」ということ』（共著, 凡人社, 2019）、『語から始まる教材づくり』（共著, くろしお出版, 2018）など

メッセージ 日本語学者が記述してきたものを、より分かりやすく伝え、学習者に「使いたい！」と思わせるのが日本語教師の仕事。最高に楽しい仕事です。

清水 由貴子（しみず ゆきこ）

担当 第 8 章, 第 9 章

現職 聖心女子大学現代教養学部 准教授

略歴 名古屋大学大学院修了, 博士（文学）

著書『講座日本語コーパス 5 コーパスと日本語教育』（共著, 朝倉書店, 2016）、『コーパスから始まる例文作り』（共著, くろしお出版, 2017)、『習ったはずなのに使えない文法』（共著, くろしお出版, 2017）など

メッセージ 同じ日本語でも、学習者から見るのと母語話者から見るのとでは、見え方がまったく違います。そこを意識して日本語を見ていくと、また新しい気づきがあると思います。

中石 ゆうこ（なかいし ゆうこ）

担当 第 7 章, 第 11 章

現職 県立広島大学 大学教育実践センター 国際交流センター 准教授

略歴 広島大学大学院修了, 博士（教育学）

著書『日本語の対のある自動詞・他動詞に関する第二言語習得研究』（日中言語文化出版社, 2020）、『ニーズを踏まえた語彙シラバス』（共著, くろしお出版, 2016）、『自動詞と他動詞の教え方を考える』（共著, くろしお出版, 2020）など

メッセージ 最近、手持ちの辞書をまとめて、辞書スペースを本棚の中心に作りました。中から一冊を選び、パラパラとページをめくるのが癒しの時間になっています。辞書を開くと、たくさんの語が一斉にこちらを見て、自分の出番を待っているように感じます。

濱川 祐紀代（はまかわ ゆきよ）

担当 第 4 章, 第 5 章

現職 早稲田大学日本語教育研究センター 准教授

略歴 埼玉大学大学院修了, 博士（学術）

著書『日本語教師のための実践・漢字指導』（編著, くろしお出版, 2010）、『国際交流基金日本語教授法シリーズ 3 文字・語彙を教える』（共著, ひつじ書房, 2011）、『日本語教育の新しい地図：専門知識を書き換える』（共著, ひつじ書房, 2021）など

メッセージ 日本語教育を知ると世界の見方も将来の可能性も広がります。学びながら、たくさんの人と出会い、たくさんのことを体験し、その場その時を楽しんでいきましょう。

森 篤嗣（もり あつし）

担当 第 6 章, 第 14 章

現職 武庫川女子大学教育学部 教授

略歴 大阪外国語大学大学院修了, 博士（言語文化学）

著書 『ニーズを踏まえた語彙シラバス』（編著, くろしお出版, 2016）、『授業を変えるコトバとワザ─小学校教師のコミュニケーション実践』（くろしお出版, 2013）など

メッセージ 授業で日本語学をよく「自転車に乗ること」に例えることがあります。「みなさん自転車には乗れるけど、どのパーツがどう働いているか、なぜ倒れないのか説明できないでしょ？」と。

栁田 直美（やなぎだ なおみ）

担当 第 15 章

現職 早稲田大学日本語教育研究科 教授

略歴 筑波大学大学院修了, 博士（言語学）

著書 『接触場面における母語話者のコミュニケーション方略─情報やりとり方略の学習に着目して─』(ココ出版, 2015)、『語から始まる教材づくり』(共著, くろしお出版, 2018)、『〈やさしい日本語〉と多文化共生』（共編著, ココ出版, 2019）など

メッセージ 日本語を教えるためには日本語に関するさまざまな知識が必要ですが、単なる知識で終わらせるのはもったいないと思います。ぜひ日本語の魅力にはまってください。

■ 本文イラスト
村山宇希

■ 本文・装丁デザイン
工藤亜矢子（OKAPPA DESIGN）

超基礎・日本語教育のための日本語学

2021 年 12 月 22 日　第 1 刷 発行
2024 年　4 月　8 日　第 3 刷 発行

[編著者]	太田陽子
[著者]	嵐洋子・小口悠紀子・清水由貴子・中石ゆうこ・濱川祐紀代
	森篤嗣・栁田直美
[発行人]	岡野秀夫
[発行所]	くろしお出版
	〒102-0084　東京都千代田区二番町4-3
	tel：03・6261・2867　　fax：03・6261・2879
	URL：http://www.9640.jp　mail：kurosio@9640.jp
[印刷]	三秀舎